时代印记

王志艳◎编著

寻找

曹雪芹

延边大学出版社

图书在版编目（CIP）数据

寻找曹雪芹 / 王志艳编著 . —延吉：延边大学出版社，2013.8(2020.7 重印)

ISBN 978-7-5634-5903-2

Ⅰ．①寻… Ⅱ．①王… Ⅲ．①曹雪芹（？～ 1763）—传记—青年读物②曹雪芹（？～ 1763）—传记—少年读物 Ⅳ．① K825.6

中国版本图书馆 CIP 数据核字 (2013) 第 209766 号

寻找曹雪芹

编著：王志艳
责任编辑：李　宁
封面设计：映像视觉
出版发行：延边大学出版社
社址：吉林省延吉市公园路 977 号　邮编：133002
电话：0433-2732435　传真：0433-2732434
网址：http://www.ydcbs.com
印刷：唐山新苑印务有限公司
开本：690×960　1/16
印张：11 印张
字数：100 千字
版次：2013 年 8 月第 1 版
印次：2020 年 7 月第 3 次印刷
书号：ISBN 978-7-5634-5903-2
定价：29.80 元

前言

　　历史发展的每一个时代，都会有对后世产生巨大影响的人物，都会有推动我们前进的力量。这些曾经创造历史、影响时代的英雄，或以其深邃的思想推动了世界文明的进步，或以其叱咤风云的政治生涯影响了历史的进程，或以其在自然科学领域中的巨大成就为人类造福……

　　总之，他们在每个时代都留下了深深的印记，烙上了特定的记号。因为他们，历史的车轮才会不断前进；因为他们，每个时代的内容才会更加精彩。他们，已经成为历史长河的风向标，成为一个时代的闪光点，引领着我们后人走向更加深邃的精神世界和更加精彩的物质世界。

　　今天，当我们站在一个新的纪元回眸过去的时候，我们不能不提起他们的名字，因为是他们改变了我们的世界，改变了人类历史的发展格局。了解他们的生平、经历、思想、智慧，以及他们的人格魅力，也必然会对我们的人生产生深刻的影响。

　　为了能了解并铭记这些为人类历史发展做出过巨大贡献的人物，经过长时间的遴选，我们精选出一些最具影响力、最能代表时代发展与进步的人物，编成这套《时代印记》系列丛书，其宗旨是：期望通过这套青少年乐于、易于接受的传记形式的丛书，对青少年读者的成长产生潜移默化的影响，使他们能够从中吸取到有益的精神元素，立志奋进，为祖国、为人类作出自己的贡献。

前言

　　本套丛书写作角度新颖，它不是简单地堆砌有关名人的材料，而是精选了他们一生当中最富有代表性的事迹与思想贡献，以点带面，折射出他们充满传奇的人生经历和各具特点的鲜明个性，从而帮助我们更加透彻地了解每一位人物的人生经历及当时的历史背景，丰富我们的生活阅历与知识。

　　通过阅读这套丛书，我们可以结识到许多伟大的人物。与这些伟人"交往"，也会进一步提高我们的思想品格与道德修养，并以这些伟人的典范品行来衡量自己的行为，激励自己不断去追求更加理想的目标。

　　此外，书中还穿插了许多与这些著名人物相关的小知识、小故事等。这些内容语言简练，趣味性强，既能活跃版面，又能开阔青少年的阅读视野，同时还可作为青少年读者学习中的课外积累和写作素材。

　　我们相信，阅读本套丛书后，青少年朋友们一定可以更加真切、透彻地了解这些伟大人物在每个时代所留下的深刻印记，并从中汲取丰富的人生经验，立志成才。

导 言

Introduction

曹雪芹（1715—1763），名霑，字梦阮，号雪芹，又号芹圃、芹溪。清朝著名文学家、小说家、诗人、画家，中国长篇名著《红楼梦》的作者。其毕生所著小说《红楼梦》，内容丰富，思想深刻，艺术精湛，为我们展示了一幅封建社会末期的全景图画，反映了封建社会的各个方面，预示了封建社会不可挽回的衰败命运，在我国乃至世界文学史上都占有十分重要的地位，被誉为"中国封建社会的百科全书""中国的第五大发明"，同时也被评为中国最具文学成就的古典小说及章回小说的巅峰之作，"中国四大名著"之首。

曹雪芹出生于江宁（今南京）一个百年望族的大官僚家庭。后因家遭巨变而饱尝人生辛酸，于世态所味甚深。在命运无尽的颠簸之中，身世如转蓬的曹雪芹，一生不知经过了多少次播迁。

晚年时期，曹雪芹移居北京西郊荒村，栖身于"茅椽蓬牖"，"瓦灶绳床"之旁，生活更加潦倒，常常"举家食粥酒常赊"，靠卖画和亲友的接济过日子。

但是，曹雪芹博学通识，才华富赡，胸多波澜，笔无滞碍。在极端困苦的条件下，他耗尽一生心血，投注满腔热情，创作了"字字看来皆是血，十年辛苦不寻常"的巨著《红楼梦》。这部旷世名著，也成为他留给后世的永恒纪念。从着手写作《红楼梦》之时起，他就将自己的余生托付其中，整部书稿"披阅十载，增删五次"。遗憾的是，直到去世时，曹雪芹也未能留下《红楼梦》的全稿。

1763年除夕之夜，当人们都在热闹地迎接新年时，贫病交加的曹雪芹在京城西郊小山村的茅草屋中"泪尽而逝"。死时，守候在他身边的唯有他苦命的妻子，此外就是蓬牖茅椽、绳床瓦灶、门巷蓬萝了。

所幸的是，曹雪芹给我们留下了一部《红楼梦》，虽然书稿并不完全。该书稿共有百余回，只有前面的八十回流传下来，八十回以后的约三十回初稿未经传抄便流失了。即便在前八十回书稿中，有些地方也没有写定、写完。

但是，一部著作的文学价值是不能按部头和字数计算的，虽然曹雪芹只留下了一部尚未最后完稿的小说，但已足以确立他在世界文化史上的崇高地位。尽管他离开人世时是那么凄凉、寂寥，但一部《红楼梦》却让后人感叹不已。

本书从曹雪芹的儿时生活开始写起，一直追溯到他遭遇家变，迁居北京，最终在穷困潦倒的生活环境中创作出巨著《红楼梦》，再现了这位中国最伟大的文学家由繁华坠入贫困、命运坎坷多变的一生，旨在让广大青少年朋友了解这位清代小说家大起大落的坎坷人生历程及其所处的历史背景，从中汲取他那种追求自由、维护尊严的不屈不挠的抗争精神，以及悬壶济世、乐善好施的崇高品德，同时也可以对他的人生与作品进行全面的认识与评价。

目 录
contents

目 录

第一章　包衣世家

一朝春尽红颜老，花落人亡两不知！

——（清）曹雪芹

（一）

辽阳为东北一座古老的名城，从秦汉时期到明代，它一直都是东北地区的政治、军事中心。秦汉时期，辽阳为辽东郡治襄平的所在地，唐代为东北军事据点辽东城，辽、金两代被称为东京，并设辽阳府辽阳县，元代为辽阳等处行中书省的治所，明代为辽东都指挥使司的驻地，屯有重兵。

辽阳、沈阳一带的广袤平原上，早已是汉人的农耕经济，租佃关系十分发达，文化环境也与关内汉族地区处于同一水准。这里，住着一家汉族的读书人，主人名叫曹世选，可能当时正在沈阳做官。此时正是明朝后期，努尔哈赤已经统一女真各部，剑拔弩张地逼向辽、沈一带。

明万历四十四年（1616），努尔哈赤在赫图阿拉城（今辽宁新宾西老城）称汗，建立金国，史称后金，以"天命"纪元。

明朝天启元年（1621），努尔哈赤统率的后金军队攻占沈阳、辽阳及辽河以东70余座城市，并将后金首都迁至辽阳。曹世选一家大约是在这一年被后金军队俘获而沦为满洲贵族的包衣。

努尔哈赤在正式建国称汗之前，以女真人狩猎时的"牛录"组织为基础，创建旗制，将境内所有的人按照"旗"编制起来。不同颜色的旗帜，本来是行军队伍的标识，在此则演变成为社会编制的最大单位名称。

开始时，努尔哈赤将境内所有的人编成四旗，并分别以黄、白、红、蓝四色旗帜作为标记。明万历四十三年（1615），因"归附日众，乃析为八"，即在四旗之外，增设镶黄、镶白、镶红、镶蓝四旗。其中，黄、白、蓝三色旗镶红边，红旗镶白边。原来整色的四旗，则称为正黄旗、正白旗、正红旗和正蓝旗，合起来共为八旗。

设立八旗后，努尔哈赤既成为八旗共同的大汗，也是正黄、镶黄两旗的旗主，直接掌管着两黄旗；其余六旗的旗主也都是努尔哈赤的亲属。

旗主是旗的领有者和掌管者。除旗主之外，各旗还另设管理大臣一名，称为固山额真（后世称其为都统）。每一旗统辖五甲喇，各甲喇设甲喇额真（皇太极时改称甲喇章京，顺治以后称参领）一人。每甲喇统辖五牛录。一牛录由300名男丁组成，男丁家属一同编在牛录之中。牛录的头领称牛录额真（皇太极时期改称牛录章京，顺治后改称佐领）。

在八旗制度之下，户籍和社会生活的一切事务都按牛录、甲喇、固山逐级管理。无论是出兵打仗，还是摊派筑城、造船、屯田、戍守等一切差役，也都由牛录派遣，按照甲喇、固山编队，事情结束后再回归本牛录。

这一制度是"以旗统人"的社会组织形式，同时"兵寓其中"，"出则备战，入则务农"，又是"以旗统兵"的民兵一体的组织形式，而且兼有行政管理的职能，也是一种政治体制。在此后对明王朝的战争和清王朝建立的过程中，八旗制度都发挥了巨大的作用。

努尔哈赤对待当时战争中的俘虏及投诚、投降的汉人都分别予以处置。通常来说，他都将投诚、投降的人编为民户，即成为具有平民身份的旗员；而对于俘虏，他就将其分派给八旗旗主、旗员和将士作为包衣。

包衣为满语译音，汉语意思就是家奴。他们主要在旗主、旗员或将士家中从事农业耕作，也有从事家务劳动的。后金军队攻占沈阳、辽阳以后，据史料记载，汉人沦为包衣的有近5万人。

包衣也被编成牛录，称包衣牛录，但为其主人所私有，主人操纵着他们的生杀大权。即使这些包衣努力挣得一官半职，通常也不能改变他们的包衣身份，而且子孙世代都要为包衣。在满洲主人的眼里，这些俘虏、包衣就如同牛马鸡犬一般。而曹世选及其子孙们，世代都是清朝皇室中下贱的包衣。

（二）

曹世选的儿子曹振彦，是本书主人公曹雪芹的高祖。曹家在满洲皇室包衣中发迹，就是从曹振彦开始的。如今保存在辽阳市的建于后金天聪四年（1630）的《大金喇嘛法师宝记》碑的碑阴，分组排列喇嘛门徒、僧众及为建塔捐资做功德的官员、教员的名单中，就有曹振彦的名字，排列在"教官"行列之内。

当时，后金社会盛行"袭汉语旧名"的风气，《大金喇嘛法师宝记》碑的碑记和碑阴题名中，所有的称谓都是明朝汉族地区所习用的，而且保留着它们传统的含义。"教官"，也是汉语的旧名，必定也是汉语中传统的含义。我国古代的军队中是没有这一职称的，后金的军队中也没有这样的职称。"教官者，师也"，我国历史上向来都将官学的司教人员，如博士、助教、教授等称为"教官"；明代国子监和府学、州学、县学、宗学的教师及掌管教务的人员，也都称为"教官"。曹振彦担任的"教官"，想必应该是这类职务。

据多种文献记载，后金早在努尔哈赤统治期间，就已经有了官办的学校和专职的教师；皇太极时期，更进一步"兴学校，考贤才"，开始实行考试，许多沦为包衣的儒生经过考试后，都被选拔出来，担任一定的职务。曹振彦所担任的教官，当然是后金官学的教官。他可能是通过天聪年间的考试而由包衣选拔出来当教官的。

《清太宗文皇帝实录》卷十八又记载，天聪八年（1634），曹振彦在墨尔根戴青贝勒（聪明的统帅）多尔衮属下任"旗鼓牛录章京"。"旗鼓牛录"是由包衣中的汉人编成的牛录。曹振彦在多尔衮属下任旗鼓牛录章京，就是充当多尔衮的家臣，为多尔衮管理汉姓包衣。从这个隶属关系来看，曹振彦父子应该早就被分派在多尔衮家中当包衣了。

顺治元年（1644），清军入关，作为摄政王，多尔衮享有皇帝的尊荣和权力。曹振彦跟随主子入关，来到北京。顺治七年（1671），山西南部如火如荼的反清武装刚刚被镇压下去，既有汉人身份又是满洲皇室包衣的曹振彦，被派往平阳府吉州（今吉县）任知州。两年后，曹振彦又任晋北大同府（一度改为阳和府）知府。

在此之前，大同府曾发生过震动华北的总兵姜瓖的叛乱，曾遭到清兵的屠城。很明显，曹振彦去任职的地方正是社会动荡、满汉民族矛盾十分尖锐的地方，也是清朝政府特别关注的地方。可见曹振彦所担任角色的重要性，也可见他在清朝最高统治者心目中的位置。

三年后，曹振彦又被派往江南，任两浙都转运盐使司运使。这是关系国库收入和民生的要职，又是著名的肥缺，更非一般的汉族官僚所能想望。

（三）

顺治七年（1671）十二月，多尔衮猝然死去。两个月后，顺治皇帝追究多尔衮"独擅威权""妄自尊大"、图谋篡逆，下诏削去多尔衮的爵封，撤庙享，黜宗室籍，没收家产，并掘墓鞭尸（100多年后乾隆皇帝为其平反，恢复了睿亲王的封号）。

多尔衮死后，他所掌管的正白旗也被收归皇帝直接掌管。作为多尔衮的包衣，曹振彦一家也随之归属于内务府正白旗，成为皇帝本人的家奴，直接为皇帝服役。

内务府是管理宫廷事务，直接为皇帝及其家族服务的机构。清朝开国时已有内务府。顺治十一年（1675），内务府被裁，改置十三衙门。

顺治十八年（1682），顺治帝去世，康熙继位，又复设内务府，由满洲上三旗（镶黄、正黄、正白）的36个包衣佐领（内设18个旗鼓佐领，即包衣汉人编立的佐领）和30个内管领（所属包衣为包衣中地位最低者，称辛者库）的包衣人所组成，负责宫廷内的礼仪、仓储、财务、工程、畜牧、警卫、刑狱等事务。

管理内务府的大臣，称"内务府总管"，下设郎中、员外郎、主事等官，其内部机构有广储司、都虞司、掌仪司、会计司、营造司、慎刑司、内工部等，另有隶属机构三院（上驷院、武备院、奉宸院）、三织造处（在江宁、苏州、杭州）、织染局及包衣护军营、鹰房、茶房、膳房、药房、武英殿修书处等。

内务府服役人员为满洲上三旗的包衣，在旗籍上仍属于八旗编制，但有一定的独立性。

八旗制度在皇太极时期因形势的发展需要而增编了蒙古八旗和汉军八旗，原有的八旗即称为满洲八旗。基本上，"以本部所属者（女真各部）为满洲，蒙古部落而迁入者为蒙古，明人（归附的汉人）为汉军"。

清军入关后，在关内广大的土地上不再编"旗"，"旗人"便成为有清一代特殊的且有特权的阶层；汉族也因此分为入旗的汉人（旗人）和广大未入旗的汉人（民人）。多尔衮死后，八旗中的镶黄、正黄、正白三旗即归皇帝直接掌管，称上三旗；其余五旗称下五旗。

内务府包衣，是满洲旗份内上三旗的包衣。从八旗的编制上来说，内务府包衣，无论他们的民族身份是满人、蒙古人，还是汉人，或是回族人、朝鲜人，都属于满洲旗份。这一旗籍从属关系十分明确地反映在清廷官修的《八旗通志》和《八旗满洲氏族通谱》之中。

根据《八旗通志》初集卷五《旗分志》和中国第一历史档案馆所藏《内务府正白旗佐领管领档》等多种文献的记载，曹雪芹家为满洲正白旗包衣第五参领第三旗鼓佐领下人，或说是正白旗内务府第五参领第三旗鼓佐领下人。

曹雪芹家为满洲旗内的包衣汉人，这点是毋庸置疑的。但按照清朝的习惯，包衣汉人称包衣汉军，通常混称汉军；在任职和参加考试的待遇方面，包衣汉人与八旗汉军也基本相同。我们今天看到的清代文书和著述中，往往都将包衣汉人称为"包衣汉军"或"汉军"。

正因为清朝人的这个习惯，所以清朝的许多书籍中都将隶属于内务府正白旗的曹雪芹家称为"汉军"，这正像将内务府镶黄旗包衣高鹗称为"汉军高鹗"一样。

第二章　金陵岁月

孤标傲世偕谁隐，一样花开为底迟。

——（清）曹雪芹

（一）

曹振彦的长子曹玺、次子曹鼎，均在内务府供职，曹玺还曾做过顺治帝的侍卫。顺治十五年（1658）九月初七日，曹玺的夫人顾氏给他生下一个儿子，取名曹寅。

不幸的是，在曹寅两三岁时，顾氏因病去世了。不久之后，另一个女人嫁入了曹家的大门，她就是曹玺的第二任妻子孙氏。

孙氏本来是宫中的秀女，皇三子玄烨出生后，由于孙氏品行端正，知书达理，便被指给玄烨做保姆。那年，孙氏23岁。

清朝初期，小孩子都十分害怕出痘。一旦发现孩子患上痘疹，就要立即遣送出宫，将其隔离起来。但这种病一旦染上一次，便可终身免疫，因此只要渡过这一难关，此后便可安然无恙了。

康熙皇帝玄烨幼年也未能幸免，在几岁时染上了痘疹，且病情十分严重，当时也被遣送出宫，隔离开来。幸好有孙氏等人精心抚养照顾，才让玄烨逃脱这场灾难，而这也成为他日后入住皇位的重要条件。

在满族家庭中，都有尊重保姆、乳母的习俗。所以，玄烨即位之后，对孙氏早年的悉心照顾十分感激，侍奉孙氏犹如自己的至亲，这也从一定程度上加深了曹家与皇室的关系，尤其是与康熙帝的特殊关系。

康熙二年（1663），曹玺以内工部（后改称营造司）郎中衔出任江宁织造官。当时，江宁、苏州、杭州三处设织造，负责供应宫廷所用衣料及祭祀、封诰、赏赐所用织物。

顺治年间的织造三年一更代。康熙二年以后，三处织造改为专差久任，不再限年更代。曹玺即为江宁织造专差久任之第一人。织造官虽然不是大员，但事务繁难而责任重大。如果织品的数量和质量稍微不能达到宫廷苛刻的要求，就会受到惩罚；但若过分勒索机户、百姓，又会引起地方骚动。

曹玺在织造任上，经营擘划，颇有实绩，不仅深得康熙帝的赏识，也赢得了江南文人士大夫的好感。康熙《上元县志》卷十六"曹玺传"中说：

织局繁巨，玺至，积弊一清，干略为上所重。

熊赐履在《曹公崇祀名宦序》中说：曹玺至江宁视事，"一洗从前之陋，又时时问民所疾苦，不惮驰请更张，以苏重困"。

曹玺死后，康熙帝叹息说：

"是朕荩臣，能为朕惠此一方人者也。"

作为皇帝的家奴，曹玺在江宁织造任上，除了本职事务之外，还要为皇帝搜括山珍海味、文玩古董，特别是要充当皇帝的耳目，向皇帝汇报吏治民情方面的情况。

当时，江南是全国经济最发达的地区。俗话说，"赋出天下而江南居十九"，朝廷赋敛、漕粮主要仰赖于江南。同时，江南又为人文之渊薮，朝廷官员及全国知名文士有很多都出自江南。

江南的经济状况和社会动静，与清朝的统治关系密切。因此，康熙帝除了通过府、州、县等正常官僚系统之外，还要利用自己的家奴作为耳目，密切注视江南的吏治民情和大小动静，加强对江南的控制。

曹玺执行这类政治任务，忠心又得力。康熙《上元县志》和稿本《江宁府志》曾记叙曹玺"陛见"康熙皇帝，"陈江南吏治，备极详剀"。

为奖励曹玺，康熙帝特赐蟒服，赐御书匾额手卷，并给曹玺以"三品郎中加四级"的职衔。曹玺作为内务府的郎中、织造，品阶只能到正三品，但"三品加四级"，封赠便同正一品了。所以，曹世选、曹振彦都因曹玺而得诰赠光禄大夫（一品官号），曹世选妻子、曹振彦的妻子也得以诰赠一品夫人。

曹玺在江宁织造署，一直供职到康熙二十三年（1684）病死于任所。曹玺死后五个月，康熙帝南巡至江宁，亲自到织造署抚慰曹玺家属，并遣内大臣祭奠。

曹玺就是曹雪芹的曾祖父。曹玺有两个儿子，分别是曹寅和曹宣。曹寅，字子清，别号荔轩，从小便是康熙帝的侍读，是康熙帝身边最亲信的人物之一，也是康熙年间很有影响力的人物。当年康熙帝智擒鳌拜时，曾训练了一批小侍卫练习摔跤，这批小侍卫中就有年少的曹寅。

康熙二十九年（1690），曹寅以内务府广储司郎中衔出任苏州织造。康熙三十一年（1692），曹寅调任江宁织造。曹玺死后，康熙帝不仅让曹寅承袭了曹玺的职位，继续管理江南织造，还让他担任两淮巡盐御史。

在古代，盐是普通老百姓日常生活中必不可少的用品，成本很低，但利润相当丰厚，所以一直被国家所控制，成为朝廷重要的收入来源。管理盐务的官吏在当时被公认是最美的头等差使，而曹寅一人就身兼两个重要的美差，可见康熙帝对他的信任和恩宠。

当然，曹寅在织造任上和巡盐御史任上的政绩也都颇受人称道，这也让康熙帝对他更加倚重。康熙帝一生共有6次南巡，第一次南巡抵达江宁时，正是曹玺去世后5个月；第二次南巡是在康熙二十八年

（1689），至江宁时驻跸江宁织造署，当时桑格正任江宁织造。其余的4次南巡，都是在曹寅担任江宁织造期间。

康熙帝在这四次抵达江宁时，都是以江宁织造署为行宫。当时，曹寅竭尽全力奔走供奉，为康熙置办了四次接驾大典。

在康熙三十八年（1699）南巡驻跸江宁织造署时，曹寅引母亲孙氏上堂朝拜。康熙帝见到自己小时候的保姆，非常高兴，说道：

"此吾家老人也。"

当时，曹家庭院中萱草花开得正盛，康熙帝见此情景，便十分高兴地吩咐笔墨伺候，亲笔为孙氏题写了"萱瑞堂"的匾额。

这块匾额选用上好的木材雕琢而成，四周有九条赤金打造的龙围绕缠护，龙头还能微微摇动，象征着皇帝的神圣与威严。这块匾额，也成为曹家的传家之宝，悬挂在正厅的上方。

由此也可看出，保姆孙氏在康熙帝心目中的地位非同一般，同时他对曹家也是待遇至厚，恩宠有加，从而使曹家从此走上了富贵繁华的道路。

（二）

曹寅生有一子三女，其中儿子的名字还是康熙帝亲自给取的。那是在一次康熙南巡过程中，康熙帝在接见曹寅时，顺便问起了他的儿子。曹寅赶紧给康熙叩头，并把儿子也叫来给康熙磕头。

康熙帝见到曹寅的儿子时，便称他"是个虎头虎脑的样，将来肯定有出息"，于是赐名"曹颙"。

正巧，曹寅的兄弟曹宣的儿子当时正在曹寅府上，与曹颙一起玩，于是曹寅将他也喊来，恳请康熙帝再赐名。这个孩子特别机灵，进来就学着曹寅跪下磕头说：

"祝老主子万寿无疆。"

康熙帝一听，非常高兴，就大笑着说：

"起来抬头给我看看吧！"

哪知这个小孩子又说：

"无知小儿，不敢抬头！"

康熙帝一下子又被他逗笑了，便拍着大腿笑道：

"好吧，既然你不肯抬头，就叫你曹頫吧。"

多年后，康熙帝果然对曹頫青睐有加，不仅将他过继到曹寅家中，还委任他以江南织造的重任。

康熙五十一年（1712）七月二十三日，曹寅忽然染病身亡。康熙帝闻讯后，既惋惜又悲痛，随后便任命曹寅24岁的儿子曹颙继任。然而曹颙继任江宁织造仅三年也病故了，康熙帝觉得"甚可惜"，认为"所使用之包衣子嗣中，尚无一人如他者"。

考虑到曹家在江南居住年久，家产不便迁移，两代孀妇，无依无靠，康熙帝便命将曹宣之子曹頫过继给曹寅之妻为嗣，并继任江宁织造。而曹頫，也成为曹家第四任，也是最后一任江宁织造。

曹颙、曹頫是曹雪芹的父辈。从曹世选、曹振彦以来的这个曹家，都是一个十分特别的家庭。作为包衣，在主子面前，犹如曹寅父子奏折中常常自称的，是"犬马""蝼蚁""下贱"。他们是皇帝的奴仆，没有人身自主的权利。但是，自从曹振彦以来，曹家的许多人都有官职，而且他们自己也有家奴、庄地和房产。

据《楝亭文钞·东皋草堂记》，曹家由清廷圈占分配的土地在宝坻（今属天津市）之西。曹頫在初任织造时，向康熙帝报告的家产有"京中住房二所，外城鲜鱼口空房一所，通州典地六百亩，张家湾当铺一所（本银七千两），江南含山县田二百余亩，芜湖县田一百余亩，扬州旧房一所"。

雍正年间抄家时，清查曹頫房屋十三处，共计四百八十三间；地八处，共十九顷零六十七亩；家人大小男女共一百十四口。

这就是说，他们又是拥有巨大财富的主子。特别是他们作为皇帝宠信的家奴、家臣，事事可以"通天"，在一般官僚士大夫和老百姓眼里，他们"为天子亲臣""近臣"，"位望通显"，炙手可热。

这样一个特殊的家庭，也让从这个家庭出身的曹雪芹形成了特殊的经历、特殊的品格及特殊的精神世界。

曹雪芹一家虽然都是包衣，但很有学问，也有很高的文化修养。清代的《山西通志》《大同府志》中记载曹振彦任吉州知州、大同知府时，都注明他是"贡士"。

按照"贡士"的称谓，古代是指侯国、州县推举给帝王的贤士；明清时期是指会试中式而未通过殿试的士子。曹振彦自然不可能属于这两种情形，他早已是皇室家奴，不会是由地方推荐给中央的乡贡；而顺治八年以前，禁止旗人参加乡试、会试，他也不会是会试中式者。他这个"贡士"必然有特殊的涵义。

据义献得知，顺治六年，八旗汉军中通晓汉文者，奉旨参加廷试，"文理优长者，准作贡士，以州县用"。这是一次从汉军旗人中选拔州、县官的考试。曹振彦恰好在顺治七年以"贡士"身份出任吉州知州的，很可能与这次考试有关。

曹振彦到地方政府担任长官，正表明他是"科目出身者"。再说，曹振彦在后金时期担任过官学的教官，顺治年间所任职务又都是文官，当然是一个文人无疑。

八旗子弟强调"骑射"训练。在旗人社会长大的曹玺，自然具备骑射的艺能。但由于曹玺出身文人的家庭，本色仍是文人，"承其家学，读书洞彻古今，负经济才"。纳兰性德在《余友曹君子清，风流儒雅，彬彬乎兼文学政事之长，叩其渊源，盖得之庭训者居多》中说，曹寅在文学和政事两方面的才能，多得力于曹玺的教育。

（三）

曹寅平时十分注重史书的收藏，而且特别注意明史的收藏。在"史书类"之外，曹寅还另外设立一个"明史类"，收藏有明朝的历史书84种。

在藏书之外，曹寅还精于校勘、刻印书籍，康熙皇帝曾指定他主持编辑、校刻《全唐诗》，自然是知道他有能力办好这件大事。

曹寅为刊刻《全唐诗》，专门在扬州设立书局，从召集校刊人员、搜集唐诗版本、商酌凡例、访觅写工，到刊刻、印刷、装潢、进呈御览，他都事必躬亲。

为了提高刻印质量，曹寅要求全书书写人员都先习成统一的楷书字体，然后根据校勘的文字精写上版，再精雕细镂，所以印出的字迹秀美匀称，成为别具一格的精品。日后，这个书局又陆续刻印过许多其他书籍，开创出"康熙版式"的一代刻书风范。

康熙年间许多知名文士、学者以及明朝遗民，都同曹寅有着密切的来往。在跟随父亲于江南织造署读书期间，曹寅就已认识了江南的一些文人学士。

曹玺去世后，曹寅在江南服丧和任职期间，交情深厚的文士有尤侗、余怀、卓尔堪、方仲舒、朱赤霞、姚潜、洪升、叶桐初等人。从曹寅的实际交游来看，他很敬重文人学士，特别是对身世坎坷的寒士、遗民等，极为尊重、同情，并尽力予以照应。许多文人学士也将曹寅视为知己，将曹寅当作依托，那肯定是从实际经历中体会到他是可信赖的。

这样的文化氛围，就是曹雪芹成长的文化环境。曹雪芹从这样的家庭、这样的文化氛围中成长起来，获得了中国传统文化、传统艺术的丰富营养，为日后成为一个文化巨人准备了优良的文化素质和艺术素质。

曹雪芹未能接受曹寅的亲炙手授，但却赶上了曹家的一段繁华时期。曹寅的著作和数以万计的藏书，他都是有条件阅读的。即使后来家道中落，前辈的流风余韵、家庭的文化修养仍在，家庭的藏书也不会很快消失净尽。

曹雪芹在接受文化艺术的教育和熏陶方面有着得天独厚的条件。《红楼梦》开头有一块女娲补天未用的顽石，这是全书构思的起点，整篇小说就是顽石"幻形入世"，"亲自经历的一段故事"。这块顽石的设计，即源于曹寅的诗。

《栋亭诗钞》卷八有一首《巫峡石歌》，其中写道：

> 巫峡石，黝且斓。……娲皇采炼古所遗，廉角磨矗用不得。

这里所说的，是有一块"巫峡石"，是女娲采炼之后"用不得"而遗留下的石头。

又如在《红楼梦》第五十四回中，曹雪芹又借贾母之口特别提出《续琵琶》，就是曹寅的传奇剧本《续琵琶记》。

通过这两个例子，即可看出曹雪芹同曹寅在文化上的联系，也可以看出曹雪芹的家学渊源。不过，曹雪芹的学问和文化艺术修养又远远超过曹寅，甚至超过了家庭其他的成员。清代的诸联在《红楼评梦》中说：

> 作者无所不知，上自诗词文赋，琴理画趣，下至医卜星相，弹棋唱曲，叶戏陆博诸杂技，言来悉中肯綮。想八斗之才，又被曹家独得。

曹雪芹接受了从《诗经》《楚辞》《左转》《庄子》以来的思想文化传统。他是小说家，又是诗人、画家，并精通园林艺术、戏曲艺术及传统文化的广阔领域。他的《红楼梦》继承了《水浒传》《金瓶梅》以来白话小说的艺术经验，又融汇了中国优美的诗文辞赋及戏曲、绘画各方面的艺术方法，"百科全书"式地汇集了我们民族文化多方面的成就，从而展现出中国传统文化博大辉煌的奇观及它的历史弱点。

第三章　雪芹降生

问古来将相可还存，也只是虚名儿与后人钦敬。

——（清）曹雪芹

（一）

当曹寅在世时，曹家处于赫赫扬扬的盛世，而实际上福兮祸伏，荣华中已潜伏着衰败的祸根。康熙皇帝早"风闻"两淮盐务，"情弊多端，亏空甚多"，一再警告曹寅"千万小心"，"不可疏忽"，免致"后人被众人笑骂，遗罪子弟"。

果然，在康熙五十年（1711），两淮盐运库帑被查出亏空帑银137万两。经协商，由商人赔67万两，曹寅、李煦分别赔70万两。李、曹表示，三年内偿还清楚。

康熙看到奏折后，立即批示：

"再推三年，断断使不得。"

与此同时，江宁织造署库帑也发现巨额亏空；曹寅送上的御用缎匹、明纱又有十多匹质量不合格，责令其"补织赔偿"。

在茫茫债海中，曹寅就这样"日夜悚惧"，疲于奔命，过早地离开了人世。弥留之际，他计算着江宁织造衙门历年亏欠共9万余两白银，两淮盐务亏空分给自己赔偿的为23万两白银，而他"无赀可赔，无产可变"。他"槌胸抱恨",死不能瞑目,情状颇为凄惨。

而让所有人都没想到的是,曹寅死后三年,朝廷又查出他亏空织造银两37.3万两。如此巨大的亏空,曹家真是拆骨难还。

曹家的亏空,除了因为曹寅频繁的应酬馈送和日用挥霍靡费之外,主要是由于多次"接驾"所造成的。康熙帝每次南巡,接驾人员都要预备纤夫,兴建行宫,供奉歌舞宴饮,还要进献礼品,打点随从人员等,动辄即耗费万金。仅康熙四十三年(1704)在扬州宝塔湾修建行宫一事,曹寅便"捐助"白银两万两。

一直以来,康熙帝对这些"用银之处"是很清楚的,因此,他对于曹家一再"矜全",谕令李煦及新任两淮巡盐御史李陈常代曹家偿还了先后清查出来的全部亏欠,保全了曹家的官职、财产和生命。

康熙帝对曹家可谓"恩上加恩",但康熙死后,雍正即位,曹家便失去了宠信,再也得不到这样的"旷典殊恩"了。

而同时,曹家家庭的种种弊端及怠惰、骄奢、侈靡等习俗却有增无减,不可逆转,他们所卷入的各种矛盾纠葛、明争暗斗也愈演愈烈。特别是他们的包衣身份,更令他们福祸无常,朝不保夕。皇帝可以凭借自己的喜好任用他们,也可以凭自己的一时厌恶随时惩罚他们。曹寅生前所"日夜悚惧"的及他的口头禅"树倒猢狲散"果然变成了现实。

雍正嗣位后,政局发生了重大变化。雍正帝一方面严惩同他争夺帝位的兄弟,株连不少大臣;另一方面决心澄清吏治,稽查亏空,期望扭转康熙后期的颓靡之风。登基后一个月,雍正便向各省督抚下达全面清查亏空的谕令:

> 凡有亏空,无论已经参出及未经参出者,三年之内务期如数补足,毋得苛派民间,毋得借端遮饰。如限期不完,定行从重治罪。三年补完之后,若再有亏空者,决不宽贷。

因此，从雍正元年起，全国清查亏空的行动便雷厉风行地开展起来。第一年被革职并查封家产的就有湖广布政使张圣弼、储粮道许大完，湖南按察使张安世，江苏巡抚吴存礼、布政使李世仁，原山西巡抚苏克济，原河道总督赵世显等。

苏州织造李煦因被查出亏空银38万两，也被籍没家产，房屋被雍正帝赏给了年羹尧，家仆200余口皆由年羹尧拣取，剩下的作价变卖。

一直以来，曹、李两家都"视同一体"，李煦遭到打击，对曹家来说也是个不祥的信号。不仅雍正帝会增加对曹家的疑忌和厌恶，墙倒众人推，一向善于揣摩皇帝心理的官僚们，早已对曹家眼红的滑吏，也必然会趁机"有所作为"。

（二）

曹府作为江宁织造的总管，不仅管理着整个江南地区的织造业，还负责向皇帝汇报江南地区的情况。雍正帝即位后，便开始追查亏空。曹府为了接驾康熙欠下的亏空尚未补齐，曹𫖯为此整日奔波，焦头烂额。而最让他寝食难安、忧虑不已的，是他的舅舅李煦已被雍正帝查办得家破人亡。由此推断，同为接驾的曹府也很快就要大难临头了。

曹𫖯犯愁的，还有如何向雍正帝汇报江南的灾情。雍正即位后的一两年间，自然界出现了一些不太寻常的现象。春夏时节，雨雪一点都没下，且这种情况在江南地区尤为严重。田里的禾苗都要干死了，虫灾也开始泛滥，致使百姓惶恐不安。

曹𫖯明白，在向皇帝汇报灾情时，若是报轻了，恐怕会担当报告不实的罪名；可若报重了，似乎又给新皇帝脸上抹了黑，让这位兴致勃勃的新皇帝面子上过不去，到时还是要问罪于他。

所以，对于做臣子的，时刻都要提心吊胆，仔细揣摩主子的心思，稍有疏忽，就怕要被缉拿是问。曹雪芹后来在《红楼梦》一书中，也借赖嬷嬷之口，说出了自己心中的痛楚：

"你知道那'奴才'两个字是怎么写的？"

没有深刻人生体会的人，是很难说出这样沉痛的话语的。

关于曹雪芹的生年，现在仍不能定论。近代红学研究第一人周汝昌认为，《红楼梦》一书中关于"绛洞花王"和"饯花节"的描述，暗示了主人公贾宝玉的生日，进而暗示了作者曹雪芹的生日。按照这种说法，书中所描写的"饯花节"是农历的四月二十六日，且恰恰当日也是农历节日的芒种。据此发现，1724年（雍正二年）的农历四月二十六日恰好是芒种，很可能是曹雪芹的生日。

不过，红学研究者胡适、冯其庸等人认为，曹雪芹应出生于康熙五十四年（1715）。在本书中，我们采用胡适等人的观点，认为曹雪芹于1715年出生。

康熙五十四年，即1715年，中国的文学天空中忽有一颗光芒四射、璀璨夺目的巨星，冉冉升起。这颗巨星，就是中国最伟大的小说家曹雪芹。他的诞生，既是中华民族的极大骄傲，也是全人类的骄傲。

那是康熙五十四年的夏天，闰四月的二十六日下午，江宁织造衙署曹頫的后院里，一派喜庆的气象，人们忙忙碌碌地跑进跑出，脸上都写满了笑容和喜悦。

下午2点左右，府内院传来喜讯，下人们纷纷向主子报告着一个特大的喜讯：

"太太生了，太太生了，皇天喜赐麟儿啊！"

这个给曹家带来特别喜庆的呱呱坠地的男孩不是别人，就是本书的主人公曹雪芹。曹家终于有了新后代！

为什么说曹雪芹的出生给曹家带来了如此特别的喜庆呢？因为他的降生真是非同凡响。且不说当年，谁也不会想到曹家会出个能写出堪称传世之作《红楼梦》的伟大作者，出了个世界文学之林第一的小说家，在当时，他出生的意义却在别处。

细说起来，曹家几代下来都是人丁不旺，不是单传，就是二子存一。

比如，曹雪芹的太爷爷曹玺生有两个儿子：曹寅和曹宣，但曹宣早早就死了。曹寅生了一个儿子曹颙，但也早早死了，一家人眼看就要接不上香火，这怎么能行？曹寅是有功之人，连皇上都跟着着急，于是康熙帝亲自做主，将曹宣所生的儿子曹頫过继给曹寅。

皇帝亲自做主安排这样的事情，也足见当时曹家与皇室的亲近关系。

然而不论曹家在官场上如何风光，与皇帝如何亲近，都改变不了人丁不旺的局面。谁知这回老天开眼，竟让曹家一举生下一个儿子，这是多么令人喜悦的事啊！因此，曹府上下真是欢欣鼓舞，出现了中国老式家庭中新增一子的那种欢快场面：

内院里走出几位衣着相对整齐的大丫环和高等仆妇，兴高采烈地来到外书房。这里是曹府的主人曹頫日常办事和休息的地方。丫鬟们的求见得到允许后，恭身进入，向曹頫报喜：

"回禀老爷，给老爷叩喜！"

"有什么喜？"曹頫有些惊讶。

"回老爷，未时二刻，太太生了一位哥儿，母子平安。这可是咱们全家的大喜事！"

"噢，知道了！新来的嬷嬷都到齐了吗？"曹頫听完下人的汇报后，难掩喜悦地问。

"回老爷，都齐了。太太吩咐，等哥儿七日后，请老爷赐他名字。"

曹頫点了点头，说道：

"知道了，你们先下去吧，等取名的那天再赏赐你们。"

"是，谢老爷的恩赏。"下人们说完，纷纷退下了。

（三）

曹家喜添新丁，自然是要取个好名字的。在曹府，为男丁取名也是一件大事，为此，他们特意去求教南京清凉寺里的老和尚法轮。老和尚想了半天，然后慢悠悠地说：

"叫占姐儿如何？占，就是站得住，不会夭折。"

明明是个男孩，为什么要叫"姐儿"呢？按照法轮的解释，这样是为了好养。法轮认为，阎王爷的男名册上不会出现"占姐儿"这样的女子名字，而女名册上，自然也不会登记男子的名。所以，阎王爷要吊销某个人的名字，拿起红笔，勾来勾去，无论如何都不会勾到"占姐儿"这个名字。

再说了，在封建社会，男贵女贱，给他取个女子名，也是为了好养。因为从生存道理上来说，凡是高贵的、稀缺的，总是很难养；凡是低贱的、多得随处都是的，总是好养些。

曹家人觉得老和尚的话很有道理，就这样，曹府上上下下就将"占姐儿"这个小名叫开了。

除了老和尚为这个男婴取名外，在曹雪芹出生满7天时，按照中国的习俗，父亲也需要给家中新添的男丁取一个象征当时心情或寄于自己希望的名字，曹家自然也不例外。

占姐儿出生后的三日，即五月初一这天，忽然阴风怒号，浓云密布，江南地区干旱了很久后，终于普降甘霖。这场大雨一直下到初五，也就给即将到来的端午节带来了一丝节日的喜庆气氛。

这场大雨，也给久思苦恼的曹頫带来了些许轻松。多日来的大旱，已经令江南一带百姓生活陷入困顿。如今天降甘霖，百姓便可插秧播种，人心慰悦，曹頫自然也心中喜悦。

这天，曹頫正在书房中专心地低头用小楷书写字，内院的丫鬟来到门外求见。

"有什么事吗？"思路被打断的曹頫有些不耐烦地问道。

"回老爷的话，太太说占姐儿已经过了七日，请老爷赏他名字，所以特意打发奴才过来请示老爷。"

"哦——"曹頫这才停下手中的笔，看着门前的丫鬟，捋了捋胡子，思索起来。

忽然，曹頫看到自己正写的字中有几个突出的字——"淋漓霑霈"，同时又想起《诗经》里的那句名言：

"既霑既足，生我百谷。"

这个"霑"字跃入了曹頫的眼帘，引起了他在中国古代文学上的丰富联想，让他觉得这个"霑"字很有意味。同时，他也希望占姐儿能像这场甘霖一样，能够给自己和曹府带来好运。

于是，曹頫缓缓地对丫鬟说：

"就取名为'霑'吧，上边雨字头，下边有三点水。"

丫鬟一时还没反应过来，愣在了那里。曹頫见状，便笑着说：

"取'霑'字，是表示占姐儿带来了这场喜雨的意思。"

丫鬟这才明白过来，欢喜地转身回报老太太去了。

　　传说在雍正元年（1723）四月初十，年仅8岁的曹雪芹跟随他的表哥、平郡王的儿子福彭（14岁）游圆明园，到同乐园听戏时，见到了雍正及后妃、皇子等。由于福彭曾经作过皇四子弘历的伴读，经福彭介绍，小曹雪芹也兴高采烈地拜会了当时年仅12岁的弘历。弘历很高兴，称赞曹雪芹"秀外慧中，必承祖业无疑"，希望曹雪芹长大后，"要秀而实方可"。惜别时，弘历还解下自己佩带的用丽江宝峰石磨制而成的十八粒串珠，赠给曹雪芹。曹雪芹接过串珠，拜谢而辞。

第四章　周岁庆典

世事洞察皆学问，人情练达即文章。

——（清）曹雪芹

（一）

关于曹雪芹的出身，现在还有种说法，认为他并不是曹頫的儿子，而是已故曹颙的遗腹子。但无论如何，曹雪芹的出生，都给曹府带来了新的希望。

按照满洲的风俗习惯，小孩子的生下来的第七天，外婆家就要准备好一些小孩子用的礼品。除了衣帽鞋袜之类的东西外，还要有一两件佩戴的物件，如项圈、锁符、玉佩之类的。这要根据家庭情况和小孩子的尊贵程度来定。

虽然佩戴的东西价值不一样，但都寄托了长辈对晚辈的疼爱和期望。因为这些东西在古人看来，都能起到辟邪驱鬼的作用，将它们佩戴在身上，可以保佑孩子健康苗壮地成长。

小曹霑的身上也佩戴着这样一块玉佩，估计是哪位长辈送的。曹霑非常喜欢这块玉，自幼一直都带在身上，没事时经常拿在手里把玩，还喜欢将这个戴在脖子上的玩意儿随手拿到嘴里，呷摸不已。

看护曹霑的保姆丫头们看到曹霑经常把玉含在嘴里，担心玉佩不干净，就故意哄骗他说，这是他小时候一生下来就含在嘴里的，庙里的老和尚说，千万不能再将它放在嘴里，否则就会被菩萨收回去，还会招来灾祸。

这一招儿果然管用，吓得小曹霑以后再也不敢口含玉佩了。这段经历，曹雪芹在日后所著的《红楼梦》当中，将其构思在贾宝玉身上，结果成了一段千古流传的故事。

转眼一年过去，小曹霑快满周岁了。像曹府这样大的官宦人家，孙儿周岁，自然是要热热闹闹地操办一下。何况曹霑乃单传根苗，日后曹家的盛衰及万贯家资，都将系在他一人身上，这周岁生日自然是办得越隆重越好。

康熙五十五年（1716）刚一入夏，曹府上下便忙活开了。为曹霑办周岁的帖子刚刚发出，远亲近邻、各方宾朋便纷纷前来。送贺礼的人也是络绎不绝，几乎要将曹家的门槛踏平了。

曹家虽非皇室，但也有几门有名望有权势的亲戚。时任苏州织造李煦，即曹寅的大舅子，也就是曹雪芹的奶奶李老夫人的哥哥，其家世同曹家一样显赫，甚至有着几乎一样的发迹经历。

李煦的母亲文氏，与曹寅的母亲孙氏，几乎同时给小时候的康熙帝做过乳母，后来两家联姻，便有了亲戚关系。曹寅之子曹颙死后，就是这位舅舅李煦领了皇命，选定曹頫过继给曹寅做子嗣，继任江宁织造之职的。

现在，曹家添了新丁，李家早早就备下了厚礼，派家仆从苏州送来。周岁喜宴时，李煦也要亲自从苏州到江宁，来向曹家道贺。

再说富察氏傅鼐，曹寅的妹夫。傅鼐的先祖额色泰，早年曾跟随清太宗皇太极出征，驰骋疆场，立下过赫赫战功，荫及子孙，傅鼐也算是当时京中的显赫家族了。

娘家有了添人进口的大喜事，姑奶奶自然是很放在心上的。因此，玉坠金锁乃至大红绸缎等一应礼品，均有傅鼐的妻子曹夫人亲自选定。而且，礼单很快就送到了曹府，礼品即日也就要送到了。

还有平郡王纳尔苏，曹寅的长婿，也就是曹霑的姑父。纳尔苏是大贝勒礼烈亲王代善的五世孙。代善是清世祖努尔哈赤的第三子，皇太极的哥哥。这可是曹家一门货真价实的皇亲国戚啊！

曹家的显贵亲戚尚不止这些，加上一些慕名来投靠的，借故来续宗的，官场中的同僚，不远不近的朋友，还有攀龙附凤之辈、趋炎附势之徒等，真是来客如云。

（二）

生日会这天，曹頫在江宁织造署办下宴席，为小曹霑庆祝周岁。在宴席上，大家都想见见小曹霑，于是，母亲马夫人便抱着他来到"萱瑞堂"，见过各位亲朋。

夏时天热，小曹霑赤条光光，只系着一幅绣花红布肚兜，脖子上和两只小手腕上都戴着闪闪发光的金项圈和手镯，项圈下还挂着一块宝玉和一个锁状的饰物。据说，宝玉可以辟邪，金锁、银锁象征着长命百岁。

小曹霑一双水汪汪的大眼睛，滴溜溜地东瞅瞅、西看看，可能他还弄不明白，今天为什么家里来了这么多人？人们都争着用手指头在曹霑粉嫩的小脸上轻轻抚弄一下，逗他开心，有的还要伸手抱抱他。整个曹府，此刻都沉浸在一片欢乐之中。

在清王朝的一些风俗当中，小孩子一周岁时都必须进行"抓周"仪式。所谓"抓周"，就是在孩子周岁这天，长辈们在他周围摆上各种物品，如书籍、字画、食物、玩具、笔墨、银两等，让孩子来任意抓取，最终抓到的这件东西，就会预示着他日后长大成人的志向和事业。

比如，小孩子若取笔墨，则意味着孩子将来善于做文章；抓取书籍，则意味着他爱好学问；抓取算盘，则意味着他将来可以经商致富。

最忌讳的是只去抓食物、玩具之类的，因为这些东西代表吃喝玩乐。抓这些东西，说明孩子将来只知道吃喝玩耍，岂不要于国于家都无望了吗?

显然,这种"抓周"具有很大的偶然性,并不能真正代表什么,只是大人们对于自己孩子的一种期望和寄托罢了。

在曹府,"抓周"更是一项必不可少的仪式,因为相传在其祖上就有一段轶事。据《宋史》中记载:曹家在宋代的祖宗中,有一位开国元勋武惠王曹彬,在幼儿时按照风俗举行"抓周"里,曹彬对身边的其他物件一概不顾,而是一手抓起一支戈,接着另一只手抓起一个金印。家人看到这种情景,都非常高兴,纷纷预测曹彬将来肯定会武功盖世,而且会做大官。果然,曹彬长大成人后,真的成为宋朝第一位大将军,当上了最高军政长官——枢密使。

这段美谈也成为曹家历史上一段光荣的记录,后世曹姓的孩子都要按惯例举行"抓周"礼,以期能像祖宗曹彬一样,光宗耀祖。

今天是小曹霑的周岁庆典,家人也精心安排了"抓周"活动。只见"萱瑞堂"的红漆几案上,摆满了曹府里但凡能找到的各式各样物件,逗引小曹霑去抓。不过,小曹霑究竟抓了什么,恐怕连他自己后来也不大清楚了。而他在《红楼梦》中描述贾宝玉"抓周"时的经过,可能颇值得我们玩味吧。

> ……雨村笑道:"果然奇异,只怕这人(指贾宝玉)来历不小。"子兴冷笑道:"万人皆如此说,因而乃祖母先爱如珍宝。那年周岁时,政老爷便要试将来他的志向,便将那世上所有之物摆了无数与他抓取。谁知他一概不取,伸手只把此脂粉钗环抓来。政老爷便大怒了,说将来酒色之徒耳。因此便大不喜悦……"
>
> ——《红楼梦》第二回

从这一段不多的描述中可以看出,曹雪芹在这里就是在暗用、反用他自家祖宗曹彬的典故,巧妙地暗示了大家对他的误解与冤枉——说他是曹门的不肖子孙。不肖,就是人们常说的一句"对不起列祖列宗，败坏了门风、家风"。这个"不肖"，就是当时世俗社会对小曹霑的"定评"，也是他一生为人的特色。在《红楼梦》中，贾宝玉初次出场时的那首名为《西江月》的词就写道：

天下无能第一，古今不肖无双！

——《红楼梦》第一回

这里的"不肖"，也包含着《红楼梦》这部传世之作的基本因子和色调。

（三）

虽然"抓周"礼进行得可能不尽如人意，但这并不影响曹家上下对小曹霑的疼爱。而且，曹霑从小就聪明可爱，深得李夫人的喜爱，不仅派家中最好的丫鬟、保姆随时看护他，自己只要一有空，也都过去陪曹霑玩耍。

有一次，看护小曹霑的丫鬟带着他在花园里的树下午睡。中午时分，天气燥热，知了拼命地鸣叫着，树头一动不动。小曹霑睡在树下的竹榻上，正做着甜甜的美梦，嘴角还浮出一丝笑意。

看护的丫鬟坐在曹霑旁边，手里拿着蒲扇，轻轻地摇动着，生怕有蚊虫来叮咬他。可中午的天气实在太热，丫鬟慢慢也支撑不住了，迷迷糊糊开始犯起困来，不知不觉俯在小曹霑的榻边睡着了。

没想到丫鬟刚睡着，小曹霑就醒了。他见小丫鬟熟睡在旁边，便无所事事地坐在榻上，顺手拿起小丫鬟手中的蒲扇玩了起来，不一会儿就把蒲扇撕成一片一片的，就像济公手中的那把扇子一样。

等小丫鬟醒来时，看到这一情景，吓得一时没了主意。虽然气恼，却又不能责怪，而淘气的曹霑还在拍着巴掌乐呵呵地笑着。

恰在这时，李夫人带着两个丫鬟从旁边经过，看到这一情景，就问：

"霑哥儿今天怎么这么高兴？"

可怜的小丫鬟一时紧张，便将实情托了出来。李夫人一听，非常生气，边训斥丫鬟，边慌忙跑过来看扇子有没有伤到曹霑。

多年后，曹雪芹还依稀记得这次的事情，并在《红楼梦》第三十一回中将这段往事描写出来：

　　晴雯笑道："我慌张的很，连扇子都跌折了，那里还配打发吃果子。倘或再打破了盘子，还更了不得呢。"宝玉笑道："你爱打就打，这些东西原不过是借人所用，你爱这样，我爱那样，各自性情不同。比如那扇子原是扇的，你要撕着玩也可以使得，只是不可生气时拿他出气。就如杯盘，原是盛东西的，你喜听那一声响，就故意的碎了也可以使得，只是别在生气时拿他出气。这就是爱物了，"晴雯听了，笑道："既这么说，你就拿了扇子来我撕。我最喜欢撕的。"宝玉听了，便笑着递与他。晴雯果然接过来，嗤的一声，撕了两半，接着嗤嗤又听几声。宝玉在旁笑着说："响的好，再撕响些！"正说着，只见麝月走过来，笑道："少作些孽罢。"宝玉赶上来，一把将他手里的扇子也夺了递与晴雯。晴雯接了，也撕了几半子，二人都大笑。

　　　　　　　　　　　　　　　——《红楼梦》第三十一回

这个淘气顽皮的小哥儿，不知给家里的嬷嬷、丫鬟带来多少麻烦，而她们也少不得会被李夫人呵斥。李夫人将自己余生的全部希望都寄托在这个"如宝似玉"的曹霑身上了，希望他能够才华超众，将来高中状元，继承家业，光宗耀祖。

就这样，小曹霑在曹府上下的疼爱之下，懵懵懂懂地在西园里度过了自己的童年。

第五章　少年博读

万两黄金容易得，知心一个也难求。

——（清）曹雪芹

（一）

在封建社会，由科举入仕是广大普通知识分子实现自己政治理想和自我价值的必经之路，也是他们光大门楣、光宗耀祖的唯一手段。因此，官僚世家、地主家庭、商人家庭、知识分子家庭等，都极其重视本族弟子的教育，希望他们能够通过十年寒窗，获得成功。"朝为田舍郎，暮登天子堂"，是每个知识分子的愿望。

但是，像曹家这样的皇家世仆，情况就有些不同了。因为他们有更多的选择和入仕途径，既可以在内务府任职，也可以通过作皇帝侍卫而得到升迁。曹霑的曾祖、祖父都是先作皇帝侍卫，后来才出任朝廷命官的。

不过，曹家历来都是文武之家，在清初，这在旗人中是非常难得的。曹家之所以受到皇帝的宠信，与他们文武传家的传统不无关系。可就是这样一个文武传家的大家族中，却从未出一个由科举正途出身在子弟，在日益汉化的时代，这未免不是一种遗憾。

因此，曹家对子弟的教育很是重视。楝亭就是曹霑的祖父曹寅和叔祖曹宣读书的地方，当然，这里后来也成为曹颙、曹頫等人读书的地方，祖母、母亲便常带着丫鬟抱着曹霑来这里，告诉他，这里是祖上读书的地方，将来他也要到这里读书习字。

为了让小曹霑早日成才，在他3岁时，父亲曹頫就已经亲自为他开蒙了。从那时起，小曹霑就在父亲的教育下，学习诵读《三字经》《千字文》《百家姓》《弟子规》等。每天，书房里、院子里都能传来他咿咿呀呀的诵读声。

曹家的子弟，有一笔好字也是不可或缺的。曹霑的祖父曹寅就是当时颇有名声的书法家。所以，曹霑小时候还要学习描红，练习书法。

祖母李夫人是一位慈祥的老人，对曹霑尤其疼爱，但在曹霑的学习问题上从不含糊，经常给他讲一些古人"悬梁刺股""凿壁借光"的励志故事，鼓励他上进好学。从祖母那里，曹霑还知道，自己的祖父4岁便能"辨四声"，少年时即"以诗词经艺惊动长者，称神童"；叔祖曹宣也是能文善武，尤其擅长绘画，曾为皇帝作过南巡图的监画。

父亲曹頫也是曹霑学习的榜样，他好嗜事学，能诗文，懂戏曲，在江南一带颇有声誉。为人虽然有些拘谨，但却合乎传统道德的规范，是个谦谦君子。他的一言一行，就像一个榜样，在曹霑幼小的心灵里产生着影响。

祖母李夫人之所以对曹霑既疼爱，要求又严格，是因为她是过来人，曹家几十年的宦海沉浮，至今都历历在目。

单说自己的丈夫在世时，那煊赫的气派，还像是昨天才发生的事情一样。每一次为康熙帝接驾，都要大兴土木，修筑园林，备至百物器用，"把银子花得淌海水似的"。

可如今的曹家，外面的架子虽然还没倒，内府里的经济却是一日比一日吃紧。加上曹家人丁不旺，丈夫曹寅、儿子曹颙相继故去，曹家已经成了一座将倾未倾的大厦，一直让人悬心。

不过，正如俗话所说，"船破还有三千钉"呢！何况，托老皇上的洪福，曹颙去世后，康熙帝特谕关照，将侄儿曹頫过继过来，继任江宁织造之职，极力支撑着曹家这座华美的大厦。如今好了，有了小曹霑，又如此聪明，重振曹家雄风也就有了指望。

事实上，曹雪芹的幼年和少年时代，依然是赫赫有名的江南织造署的小少爷，过的也依然是锦衣玉食的贵公子生活。这样的大家庭，正如《红楼梦》所描写的贾府一样，食则饫甘餍肥，衣则锦衣纨袴。

曹霑也就像是幼小时的贾宝玉一样，周围一群丫鬟、保姆围着，宠着他，服侍他，饭来张口，衣来伸手，所谓生活在富贵温柔之乡，那是一点都不假。

（二）

到曹霑长到五六岁时，家里便给他请了博学多识的先生。一起陪读的，还有表妹、堂弟和几个年岁不等的孩子。大家每次都先恭恭敬敬地给孔夫子行礼，再给先生行礼，随后回到自己的座位上，很快进入功课。

那时的功课不过是读书、传授句读、认字、写字、先生提问、讲授文章等，很多内容，曹霑在课下就已下过功夫了，再加上他天资聪慧，所以，他对先生教授的功课领会得比其他孩子都快。由于他年纪要大些，因此，他不仅要学习诗文经义，还要学习进退应对的各种礼仪等。

先生是汉人，所以家塾里并不教习骑射，但骑射是旗人固有的规矩，也是皇帝极力强调的事。作为上三旗包衣的曹家，自然少不了这门功夫。江宁织造府里就建有练习骑马射箭的马道，曹霑的祖父、父亲等，都曾在这里练习骑射。

作为家里的男丁，曹霑也要熟悉骑射。但由于年龄尚小，骑马自然是不用着急，但射箭却是要早早练习的。虽然因为力气不足，曹霑用的弓都是小弓，但对练习姿势、技巧等，也是足够了。

到七八岁时，家里就要给小曹霑正式设馆读书了。在封建社会，"读书"两个字是有特殊含义的，指的是必须读官方指定的教科书"四书"和"五经"。

其中，"四书"包括《论语》《孟子》《大学》《中庸》，"五经"包括《诗经》《书经》《易经》《礼记》和《春秋》。读书的目的也很明确，就是"学而优则仕"，也就是为了日后做官。

"四书五经"被尊为古圣先贤的经典，里面讲的封建阶级"治国平天下"的深奥道理，哪里是七八岁的小孩子能够理解和接受的呢？

因此，对于曹霑这样的孩童来说，读这些书无异于读天书。多亏小曹霑记忆力好，尽管书中的那些"之乎者也"读起来拗口，一点也不能理解，但他还是照着老师的要求都背下来了。虽然从内心中，他对这些枯燥乏味的东西厌烦透了。

更令小曹霑叫苦的是，稍长两岁后，塾师又要布置他学做文章，写八股文。这些作文的题目都出自"四书"中的诗句，要就着这些题目去揣摩古人的意思，这叫代圣贤立言。其实说白了，写八股文就是为了控制青少年的思想，弄得他们大脑僵化，最终好成为服服帖帖地为封建君主制度服务的工具。

少年曹霑很痛恨这一套，因此虽身在书塾，心却十分向往窗外的蓝天，向往生机勃勃的大自然和丰富多彩的社会生活。

在厌烦恶读圣贤书的这点上，曹霑与贾宝玉如出一辙。"纸鸢、筝琴、见踢"是江南儿童平日常玩的游戏，曹霑也不例外。"纸鸢"就是风筝，"见踢"就是踢毽子，不过作为大族的公子，玩得自然要比民间精致。其中，纸鸢是曹霑最喜欢玩的游戏。

江南民俗，每年的正月、二月、三月之间，儿童扬放纸鸢。纸鸢一名鹞子，有人形、蝴蝶及鱼、鸟等各种形状，大小不一。风筝是能发出响声的纸鸢，"将竹条弯成弓状，并以宽为二三分纶子、纱绫等细条张为弦，绑于纸鸢头上，放起后受风而响，故称风筝"。

曹霑之所以喜欢纸鸢，不仅因为它好玩，还因为纸鸢上画着的那些漂亮的鱼、燕、美人诸色图案和放飞的技术吸引着他。每当纸鸢飘摇在天际，那上面的图案仿佛一下子都活了起来。技术高超的放纸鸢者，还能让纸鸢在天上做出各种动作，让纸鸢在天空中忽高忽低、忽急忽缓……

（三）

除了外面那些有趣的游戏吸引曹霑外，还有个地方对曹霑也有着巨大的吸引力，那就是祖父的大书房。

曹寅一生爱读书、爱买书，他藏书之富在江南也是很有名的。今存《楝亭书目》载藏书3000余种，万卷以上。曹寅在世时，还曾在扬州天宇寺设立书局，选择家藏的宋元珍本，邀请一大批学者进行校刊，刻印了《楝亭五种》《楝亭十二种》等古籍，又替康熙帝主持编刊了《全唐诗》《佩文韵府》等，一时称为盛事。

如今，大书库中还珍藏着祖父在世时搜求的成千上万卷各种各样的珍版图书。曹霑厌烦书塾里那些枯燥乏味的圣贤书，但却十分喜欢祖父书房中那些前人的诗集、文集，美妙的词曲歌赋，动人的戏剧小说，等等。因此一有闲暇，他便偷偷钻入祖父的书房中，去读那些屈原、庄子、嵇康等人的作品，有时一读就是一天，连饭都忘记了吃。

这些藏书也成为少年曹霑获取知识、获取快乐的源泉，那些常人眼中的闲书，也让小曹霑了解到了不少在书塾先生那里不曾知道的故事。虽然那些大部头的书籍，他也未必能看明白，但对他来说，能读到圣贤书之外的书籍已经是他最大的乐趣了。

久而久之，小曹霑的大脑中便装进了很多内容各异、见解不同的学问。也许是遗传的关系，曹霑还对那些"杂学"深感兴趣，雕刻、绘画、草编等，似乎他能见到的所有东西，都能引起他的兴趣。

在红楼梦第四十二回"蘅芜君兰言解疑癖"中，曹雪芹就谈到了藏书和读书之事。其中，宝钗对黛玉说：

> 我们家也算是个读书人家，祖父手里也极爱藏书。先时人口多，姐妹兄弟也在一处，都怕看正经书。弟兄们也有爱诗的，也有爱词的。诸如这些《西厢》《琵琶》以及《元人百种》，无所不有。他们背着我偷看，我也背着他们偷看。

——《红楼梦》第四十二回

这番话说的是薛家的事，但其实也是曹家的事，曹雪芹是将自己儿时偷看祖父藏书的趣事作为素材写入书里。《红楼梦》中包含的知识非常广泛，涉及到各个方面，这与作者儿时广泛的阅读面有很大的关系，同时也要归功于其祖父曹寅留下了那么多珍贵的藏书。

祖父曹寅的藏书被完整地保存下来，如今就摆放在那里，怎么能不令小曹霑心驰神往呢？毫无疑问，这些书籍对丰富曹霑的文学知识，提高他的文化修养，肯定是起到了相当大的积极作用。如果不是读了这些所谓的闲书，后来他可能也写不出那让人肝肠寸断的《葬花词》。

像祖父一样，曹霑也非常喜欢唐代诗人的作品，喜欢初唐四杰王勃、杨炯、卢照邻、骆宾王，还喜欢陈子昂、李白、杜甫等人的诗。其中，他最喜欢的是有"诗鬼"之称的李贺的诗。后来，他写诗学李贺而不受李贺的约束，被他的朋友们称赏为"诗追昌谷破藩篱"，足见所受其影响之深。

（四）

曹霑不仅喜欢读一些有趣的杂书，还喜欢听大人们讲故事。而他自己长大后，也爱讲故事，总是侃侃而谈，幽默风趣。

故事的种类各式各样，神话、寓言、民间传说、历史故事、戏文与小说的摘叙等等，这些都是儿童的另一种"世界"，另一处"天地"，小孩子的智慧由它们启迪，文学艺术的种子由它们播植。但对曹霑而言，却有着与众不同的经历，那就是听西洋人讲外国故事。

当时，南京、苏州和杭州是江南产丝和纺织的三大集中点，其中又以南京为首，因此外国丝绸商人的足迹自然也会进入到这些地方。

曹霑的父亲曹頫认识了一位英国丝绸商人，名叫菲利浦·温士顿，两人相交颇为投机。一次，菲利普又来到南京，慷慨好客的曹頫便在家中宴请这位英国客人。在宴席上，曹頫为表达地主之谊，便即席赋诗，以抒胸怀。

而作为酬谢，菲利普便讲了一些西方的《圣经》故事，或莎士比亚剧本中的故事给曹頫听。颇具口才的他，将故事讲得绘声绘色，引人入胜，吸引得曹府上下都在偷偷地传述着西洋故事。

在菲利普来访的日子，小曹霑也经常偷偷走到附近，入迷地窃听着那些动人的故事。当曹頫获知此事时，十分生气，恼恨这个不听话的孩子的越轨行为，将曹霑狠狠地打骂了一番。

这段情景，后来也被曹雪芹写入《红楼梦》中，宝玉受虐待上。小时候的曹霑经常因为违反定规，被父亲责骂，所以他在描写贾父痛打宝玉时，才能把其时、其情、其景写得栩栩如生：

> 宝玉急得手脚正没抓寻处，只见贾政的小厮走来，逼着他出去了。贾政一见，眼都红了，也不暇问他在外流荡优伶，表赠私物，

副淫母婢，只喝命："堵起嘴来，着实打死！"小厮不敢违，只得将宝玉按在凳上，举起大板，打了十来下。宝玉自知不能讨饶，只是呜呜地哭。贾政还嫌打的轻，一脚踢开掌板的，自己夺过板子来，狠命地又打了十几下。

宝玉生来未经过这样苦楚，起初觉得打的疼不过，还乱嚷乱哭，后来渐渐气弱声嘶，哽咽不出。众门客见打的不祥了，赶着上来，恳求夺劝。贾政那里肯听？说道："你们问问他干的勾当，可饶不可饶！素日皆是你们这些人把他酿坏了，到这步田地，还来劝解。明日酿到他杀父杀君，你们才不劝不成？"

……一见王夫人进来，更加火上浇油，那板子越下去得又狠又快。按宝玉的两个小厮，忙松手走开，宝玉早已动弹不得了。贾政还欲打时，早被王夫人抱住板子。贾政道："罢了，罢了！今日必定要气死我才罢！"王夫人哭道："宝玉虽然该打，老爷也要保重。且炎暑天气，老太太身上又不太好，打死宝玉事小，倘或老太太一时不自在了，岂不事大？"贾政冷笑道："道不要提这话！我养了这不肖的孽障，我已不孝；平昔教训他一番，又有众人护持，不如趁今日结果了他的狗命，以绝将来之患！"说着，便要绳来勒死。

——《红楼梦》第三十三回

曹霑还喜欢府中那些嬷嬷们给他讲曹府过去的故事：康熙帝南巡时下榻曹府，是怎样怎样的风光；祖父曹寅是如何深得民心，结识江南才子；南京有哪些好玩的地方，逢年过节的热闹场景如何如何；等等。听得小曹霑如痴如醉，也给他心灵留下了深刻的印象。

就在小曹霑沉醉于各种各样动人故事中的时候，雍正五年（1727），曹家在政治风浪中勉维残局的能力达到了极限，一系列的变故发生了……

第六章　世家梦碎

春梦随云散，飞花逐水流，寄言众儿女，何必觅闲愁！

——（清）曹雪芹

（一）

康熙六十一年（1722）十月，康熙帝为避免皇子们因争夺皇位而闹得不可开交，便寻思着到南苑去狩猎一次，以显示自己的身体还健壮坚挺，让这些皇子们不要急着去争夺皇位。不曾想，这位69岁的老皇帝由于刚刚大病一场，又在外面受了风寒，十几天后忽然感到身体不适，竟然一病不起，随即便驾崩了。

第二天，康熙帝临终前的唯一一位顾命大臣，担任保卫京城与皇宫的步军统领、国舅隆科多，对外宣读了康熙帝生前所拟定的诏书：

皇四子胤禛人品贵重，深肖朕躬，必能克承大统，着继朕登基，继皇帝位。

随后，宣布皇四子胤禛成为皇位的继承人。

七日后，胤禛在太和殿正式登基，接受朝廷百官朝贺，颁布即位诏书，正式登上大清朝皇帝的位子。

第二年，即公元1723年，胤禛将国号改为雍正。

可以说，在当时康熙帝众多皇子争夺皇位的情形下，一向低调的皇四子胤禛最终取得了胜利，这一结果确实出人意料，当然也震动了朝野。很多人都不相信这是康熙帝自己的意愿，所以，关于雍正篡位的传闻也开始流传开来。

其中，流传最广的一种说法，就是胤禛串通隆科多修改了康熙帝的遗诏。因为太子胤礽被废之后，康熙帝一时特别宠爱十四子胤禵。但康熙帝驾崩时，胤禵正统兵西征在外，不在京城。于是，皇四子胤禛就串通国舅隆科多、大将军年羹尧等，暗地里将诏书中的"传位十四子"中的"十"改成了"于"，结果整句遗嘱便成了"传位于四子"了。

而且，遗诏第二天是由国舅隆科多宣读的，其他人并未亲自看到，所以朝野大臣的猜测纷纷而起。

雍正继位之后，为了巩固自己的皇位，排除其他皇子对自己的威胁，便开始了一系列针对其他皇子的行动。

首先，雍正将皇九子胤禟软禁在青海西宁的军中，又借故将皇十子胤（礻我）革去爵位拘禁，这样就断绝了皇八子胤禩与其同党兄弟的联系，将其牢牢地控制在自己身边，使之孤掌难鸣。

接着，雍正又指责胤禩不以事君事兄为重，勾结胤禟、胤禵为私党，有不臣之心。后来，又以结党妄行等罪名，削去了胤禩的王爵，将其圈禁，并开除宗籍，更名为"阿其那"（满语为"菜板上的冻鱼"）。对于皇室宗亲来说，被开除宗籍是最重的处罚了，这也表明他从此不再是皇家的成员。

雍正四年（1726）九月十四日，46岁的胤禩禁不住百般折磨，身患呕吐之症，不能饮水进食，终究死在了监狱之中。

雍正继位后的七月份，他又立即将皇十四子胤禵从西北军中召回，命令他到康熙帝的陵墓去守陵。这等于是将胤禵打发到冷僻荒凉之地，远远地变相软禁起来，使他丝毫不能有所作为，而且名义上也是正大堂皇。

胤䄉当年的府地，就是与胤（礻我）家邻近的那座"四府"，他的孙子永忠也是第一个为《红楼梦》题诗的人。

虽然铲除了身边的这些威胁，但雍正是个生性多疑、猜忌心重的人，即使是曾经帮他夺得皇位、立下汗马功劳的大臣，他也没有放过。

雍正朝初期显赫一时的大臣年羹尧，当时以"大将军"闻名。雍正继位之前，他正在做川陕总督，掌管着整个西北的兵权，对全国的政局影响举足轻重。雍正十分清楚，对于当时镇守西北，并深得康熙帝钟爱的皇十四子胤䄉来说，年羹尧是对其进行牵制的重要势力，因此雍正极力拉拢他，最终使其成为自己夺位的一颗重要棋子。

雍正顺利登基后，年羹尧当然也成了有功之臣。但是，一时被荣耀冲昏头脑的年羹尧却变得日益骄纵起来，连朝中的王公大臣都不放在眼里，致使朝廷上下开始对他有了怨言。

一次，年羹尧的奏折中，因为一句称颂皇帝的美言写颠倒了，结果被雍正抓住了机会，严厉斥责他这是在嘲讽皇帝。就这样，雍正借机将年羹尧从一个"大将军"贬为一个普通的旗人。

同时，雍正还列举了年羹尧的"九十二条大罪"，命人将他押解到京城，开始是让他守护城门，后来干脆将其囚禁起来。最终，年羹尧在狱中自尽。

（二）

晚年的康熙帝，思想渐趋保守。面对朝野存在的吏治腐败、税收短缺、国库空虚、地方绅缙鱼肉百姓，贫者愈贫、富者愈富的现象，这位曾经叱咤风云的老皇帝沉浸于以往的成绩而无动于衷。

胤禛在做皇子时，就对国家政局洞若观火，所有情弊了如指掌。他认为，官吏舞弊营私、贪污挪用实为"负国营私"的大恶。大清王朝要想巩固基业，就必须铲除这种现象。

因此，在刚刚继位后，雍正便下达了全面清查亏空的上谕。在谕旨中，雍正详细地分析了造成钱粮亏空的原因和弥补钱粮对国家大政的重要意义，并为弥补亏空提出了具体的实施方案。

为顺利完成清查亏空的任务，雍正元年正月十四日，雍正帝命令在中央设立会考府，负责清查政府各部财务亏空。会考府的事务由他最信任的怡亲王允祥、舅舅隆科多、大学士白潢、尚书朱轼会同办理。会考府的成立，也将奏销大权由各部院收归皇帝直接管理的清查机构，各部官员再也无法暗动手脚，只得将自己挪用的公款老老实实地填补回去。

清理财务亏空的行动很快就有了成效，仅雍正元年因被清查出亏空而革职查封家产的就有湖广布政使张圣弼、粮储道许大完、湖南按察使张安世、广西按察使李继谟、直隶巡道宋师曾、江苏巡抚吴存礼、江安粮道王舜、江南粮道李玉堂等一系列封疆大臣。

另外，户部还被查出亏空白银250万两，雍正帝命其中150万两由户部历任尚书、侍郎、侍中、员外郎、主事等相关责任官员摊赔，其余100万两则由户部现任官员负责赔补。

由于雍正帝的坚持，一些王公贵族、达官显贵等，不得不通过典卖家产以弥补亏空。康熙帝的十二皇子履郡王胤裪曾主管过内务府事务，雍正帝追查他的亏空，他没办法补齐，最后只好将家用的器皿都搬到大街上去卖，以凑钱补空。内务府官员李英贵伙同张鼎鼐等人，冒支正项钱粮100万两，因无钱补足，雍正帝毫不留情地抄了他的家。

在政府清查经济亏空、打击贪污腐化的行动中，身为织造的李煦、曹頫也被卷入其中。

康熙帝一生有六次南巡，其中四次都下榻在江南织造府，其间接驾的都是曹寅、李煦、孙文成三处织造负责的。

在这四次接驾中，三家为表示对皇帝的忠心，显示皇家的气派，不论是修建康熙下榻的行宫，还是接待所需的吃喝玩乐，都极尽奢侈豪华，花去了无数白银。

皇帝的面子是有了，三家的风光也有了，但这几番消耗，使得当时江南织造亏空了好几百万两白银。当时就有人不断检举，要求追查江南三织造的财务亏空问题，但康熙帝自己心中有数，知道这些钱都是三家为自己南巡花掉的，当然也就不好去追查，只是暗中交待这三家，要尽快想办法把这些亏空的钱逐年补上。只要按时把这些钱弥补完，就可以安然无恙，并且反复嘱咐这件事千万小心，不能疏忽，否则就会被人抓住把柄，令事情难以解决。

可是，这些钱终究也未能很快补上。在江南时，曹寅曾陆续给家中置办了数百间房产和几十顷良田，这些每年都会有一定的进项。但是，与这点收入相比，曹家日常开销还是太大了，仅需要养活的男女仆人就有100多口，一家人还要维持舒适安逸的生活，还要应付官场中的种种应酬。现在，新登基的雍正帝要在全国范围内彻查亏空问题，曹家也必须尽快将近几年的亏空还上才行。

雍正帝借整顿吏治的旗号，也整治了许多康熙帝过去的宠臣。在江南，首先倒霉的就是苏州的李家。

很快，李煦家就被抄了，并查出亏空白银38.8万两。李煦也被关进了刑部大牢，所有家产被查抄，家中在苏州的所有房产也都被赏赐给了帮助雍正帝登基的年羹尧。

最令人心酸的是，李煦府上的家属、仆人及收养的男女幼童120余口，当时抄家时就在苏州被卖，可谁也不敢去收留这一家罪人，于是官府只好又将他们全部押解到京城。很多人因经不起长途跋涉，在半路就病死或饿死了。

存活下来的人到了京城后，先由年羹尧挑拣了一些作为奴仆，其余人又再次在崇文门那里被廉价变卖当奴仆。可怜李煦收养的十几个孩童，又成了没人要的孤儿，流落街头，流浪乞讨。

就这样，原本苏州的豪门大户顷刻间便被查抄，真是呼啦啦大厦一夜倾倒啊！

（三）

中国古代哲学家老子说过这样一句话：

"祸兮，福之所倚；祸兮，福之所伏。"

这句话的意思是说，世间的一切事物无不具有两重性，都在不断向它的对立面转化。

曹家的由盛转衰，或者正是"福兮祸伏"规律的应验。朝廷在查办了李家、孙家之后，对曹家并没有大动作。此时，年羹尧刚刚远征西藏，平定青海胜利凯旋，雍正帝忙着对爱将进行嘉奖，似乎无暇顾及曹家，一切似乎暂时是平静的。

这时，曹頫也为年羹尧凯旋之事上表，恭贺万岁爷统治有方，大清朝四海一心，满以为会得到雍正帝的赞许，不想雍正帝竟回了一条"此篇奏表，文拟甚有趣，简而备，诚而切，是个大通家作的"，貌似轻松玩笑的一句话，却把曹頫吓得够呛。

曹家的这种焦虑不安的情绪一直延续到雍正五年（1727）冬天。每年年底，按照旧时风俗，家家户户都要在门上贴上红纸写的大大的"福"字，以期来年有个新气象和好兆头。

往年这个时候，皇帝都会亲笔书写很多"福"字，赏赐给宠信的大臣们。可这一年的"赐福"名单中，已经没有了仍身为江南织造的曹頫，而只是赐给了曹氏家族在朝廷侍奉当差的堂兄曹顺。这一微妙的变化，再一次给当时的曹府增添了一丝淡淡的阴影。

十二月十五日，雍正帝终于下达了调整织造职务的谕令：

>   ……杭州织造孙文成年已老迈，李秉忠著以按察司衔管理杭州
> 事务。江宁织造曹頫审案未结，着绥赫德以内务府郎中职衔管理江
> 宁织造事务。

按照习俗，每年从腊月二十三起就算进入年关了。可是这一年的年关，曹家上下却是在一片惊恐中迎来的。

二十三这天，李老夫人带领一家老小，给灶君夫妇的神位再三叩首，恳诚许愿，期望灶王爷爷能够"上天言好事，回宫降吉祥"。还递了一块麦芽糖给身旁的小曹霑，让曹霑嚼了，粘在灶王爷、灶王奶的嘴上。

然而仅仅过了一晚，十二月二十四日这天，雍正帝便给时任江南总督的范时绎下发了一道查抄曹家的圣旨：

>   江宁织造曹頫，行为不端，织造款项亏空甚多。朕屡次施恩宽
> 限，令其赔补。伊倘感激朕成全之恩，理应尽心效力，然伊不但不
> 感恩图报，反而将家中财物暗移他处，企图隐藏，有违朕恩，甚属
> 可恶！着行文江南总督范时绎，将曹頫家中财物，固封看守，并将
> 重要家人，立即严拿；家人之财产，亦着固封看守，俟新任织造官
> 员绥赫德到彼之后办理。

原来，大概自从李煦犯事抄家后，曹家就开始将家中的细软进行转移。当然，这个过程是陆续进行的，就是怕引起皇帝的注意。但皇帝毕竟还是知道了，他是在有关官员的汇报中看出了端倪。

在雍正帝看来，曹家不但亏空国家的款项没有补上，现在竟然"将家中财物暗移他处，企图隐藏"，以防曹家被定为抄家之罪后全部财产

入官，自是可恶至极。因此，雍正帝趁机下发圣旨，对曹家抄家查封。

这道圣旨一下，当时的江南总督范时绎立即召集驻防在南京旗营的将军们，派兵包围了曹家，将曹家上下老小都聚集在一个屋子里，不许他们随便走动。

（四）

曹家被抄家的这一年，曹霑只有13岁。他吓得躲到老祖母身后，眼睁睁地看着那些凶神恶煞一般的官兵闯入家中，翻箱倒柜，清点家中的物品。有的还顺手牵羊，将从曹家找出来的一些珍稀古玩、金银首饰，一股脑地装入自己的口袋里。抄完一间屋子后，又将屋门关好，贴上封条，再继续去抄另一间屋子。

在清王朝时，被抄家可不是闹着玩儿的。管你多么显赫的官职，多么大的家业势派，转眼之间就会成为阶下囚，人丁被拘官扣押，家财被掠夺一空。

在《红楼梦》的第一百零五回《锦衣军查抄宁国府，骢马使弹劾平安州》一节中所描写的境况，大约就是曹家被抄时，曹霑所亲见亲闻惨状的真实写照。

不过，当时的曹霑还不能完全明白这一切是怎么回事。对于这种突如其来的场面，他既害怕又不解。后来他才知道，他所面临的那一次情景实在是一场改变他终身命运的灾难，自己的家被皇帝下令查抄，就像自己的舅舅家一样，从此他的整个人生也完全改变了。

那位江南总督范时绎，是清初名臣范文程的后人，与曹家祖上还有些故交。所以在查抄曹家的过程中，范时绎对曹府上下还是相当照顾的，曹府上下的女眷和孩子都没有受到一点伤害。

可是，就是这样微薄的照顾，后来还是被雍正帝知道了，并且遭到了雍正帝的斥责。

第二年一开春，接任曹頫的绥赫德到了江宁织造府，接着开始彻底清查曹府的所有财产。绥赫德派人仔细地搜查了曹府所有的地方，连细小的东西都不放过，并向雍正帝上了一道查抄曹家的详细奏折：

一、住房十二处，共483间。

二、地亩八处，共19顷零67亩。

三、家人大小男女共114口。

五、当票100张。

六、别人所欠债务，共计3.2万多两。

绥赫德还在奏折上明白地表示，此外"别无他项"。

这次查抄可谓查得彻底干净，连家中的家具旧衣服等都没放过。曹家到了曹雪芹父亲时开始逐渐败落，为弥补康熙南巡亏空的缺口，已经耗去了大部分的财力。对于一个曾经富盖江南的大户而言，现在仅剩下这么一点家产，确实令人难以置信。

这份清单上所列的内容，与当时的满汉高官大户的情况相比，简直是太"寒酸"了，以至于残酷的雍正帝在看了报告后，竟也生出了不忍之心。据记载，"……（康熙帝）令頫补其缺，以养两世孀妇（即曹寅与曹颙的妻子）。因亏空罢任，封其家赀，此银数两，钱数千吊，质票（即当票）值千金（银一千两）而已。上（指雍正）闻之恻然！"

于是，雍正帝"开恩"，将所抄房产人口全部赏给新任织造绥赫德。后来发现曹家实在可怜，雍正帝又发善心，还特命留一点房子，使两世孤孀能有一处立锥之地，不致流落街头成为乞丐。

于是，经过绥赫德奏准圣上，雍正帝将在京的一处住房拨给了曹家，同时还给曹家留了奴仆6人，即给三对夫妇留下了私家世仆。至于曹頫，因罪曾被施以"枷刑"示众。

当时的木枷，根据重量可分为各种不同的档次，曹頫的枷重25斤。

这个重量，压得这个读书人只能斯文扫地地躺倒在露天里。更残酷的是，不论天气如何，受刑人还必须在限期内经受折磨，于是受刑的人没有不奄奄一息、面无人色的。这一幕无疑也给曹霑留下了深刻的印象。

从此，年少的曹霑在京外生活也随着家道的衰败而结束。他不得不跟随待罪的父亲被迫逮问还京，还"享受"到了浩荡的皇恩，住进新拨给的恩赏住房。在他随着家人进京的时候，他肯定不会想到，他竟然也要逝于斯地。

第七章　迁居京城

好风凭借力，送我上青云！

——（清）曹雪芹

（一）

被查抄后的曹府上下临时就住在织造府东边的庙里，那里原本是为康熙祝寿而修建的，后来曹家逢年过节就在这里焚香拜佛，可以说也是曹家原先的私家寺庙了。可谁也没有想到，这个平时很少来的地方，如今却成了关押他们的住所，全家人都要在这里等候雍正帝的最后发落。

那时，幸亏寺庙里的住持平时受惠于曹府，对一家人屈驾住在庙里十分同情，便安排小和尚背着官兵，私下多拿些食物给老夫人和小曹霑，不让老夫人和年少的曹霑受了委屈。

雍正帝并没有像对待李煦那样苛刻，而是对曹家网开一面，只将所抄没的财产赏赐给新任江宁织造绥赫德。对于曹家上下的处置，也没有按照前人那样，将其流放边疆，而是特意将曹家在北京城的一处房产拨给了曹家，允许他们在那里安身居住，并且还将曹家原先的老奴仆都留给了他们。

雍正六年（1728）五月，曹家上下在总督府派遣的官兵护送下，从水陆两路被迁移到北京城。

曹家在北京本来有两处住所，被抄家后留给他们的是哈德门（今崇文门）外蒜市口的老宅。这就是曹雪芹一家老小初到北京后落脚的地方，可谓十分寒酸。

这座院子是典型的北京"四合院"结构，一共有17间半的房屋，北面的正房一排共有6间，靠南边的两排各有5间，东边有个很小的厢房，大小在一间和两间之间，所以才称为一间半。

虽然这里无法与南京的织造府相比，但作为被朝廷治罪的曹家来说，尚能有这样一所单独的小院居住，在当时已经算是不幸中的大幸了。

这座院子至今还保留在北京蒜市口街的南侧，每天都有很多人前去观瞻，亲身体验文学大师曹雪芹当年的生活环境。

后来，雍正帝还发还了早年曹玺居住过的一处名叫"芷园"的老屋，地址在内城东南角泡子河附近，即现今东城区建国门内大街北贡院一带。

这里庭院清幽，屋宇宽敞，有鹊玉轩、春帆斋、悬香阁等雅名别致的建筑，在曹寅的诗集中多有吟咏。曹霑后来翻读祖父的《楝亭诗钞》，依诗觅踪，心中发思昔日的幽情，自然会胜出许多感喟，于是作诗：

小院清阴合，长渠细溜穿。
西窗荷叶大如盘，烟雨寻常作画看。

尽管现今的"芷园"已经没有了往日的勃勃生机，但究竟能够睹物思人，引起"诗中有画，画中有诗"的兴致来，曹霑还是很快就喜欢上了这个地方。

更让曹霑感到欣慰的是，祖父在这里也留下了相当丰厚的藏书，一如江宁西园里的书库。有了这些精神食粮，他也觉得生活不那么凄苦和郁闷了。

在曹家迁至北京后，随着时间的推移，雍正帝的权势越来越巩固，政治迫害至少在表面上已经有所放松，被抄家的压力减轻了不少。曹家的几支重要宗族姻亲，有的减了刑，有的复了职，还有的得到了晋升。

雍正九年（1731），曹寅的妹夫傅鼐由贬谪的地方召还，恢复职衔，又入宫侍奉皇帝起居了。纳尔苏之子、曹霑的姑表兄平郡王福彭，也于雍正十年（1732）任镶蓝旗满洲都统，次年并得在军机处行走，开始参与朝廷的机要事务，继而又被提升为定边大将军。

这些人事变动，对曹家是十分有利的。毕竟是骨肉至亲，或明或暗地都会给予曹家一些照应。尤其是福彭，曹雪芹祖母李夫人是他的外祖母，当李夫人健在之日，他对曹家处境上给予保护，生活上予以关照，自然是分内之事。

再则，曹頫的族兄曹顾与堂伯父曹宜，在抄家之祸中并没有受到株连，仍然算是京城之中的殷实富户。

曹顾是雍正宫中的侍卫，一直得到雍正帝的宠信，曾屡次获得赏赐御书"福"字。曹宜则在雍正十一年（1733）晋升为正三品大员，内务府正白旗护军参领。这对曹頫一门来说，至少在感情上也会是一种安慰和依靠。

（二）

当时的北京，由内城和外城两部分组合成。内城基本呈方形，专由满洲旗家居住；外城在内城之南，以墙为界，呈长方形（东西长，南北短），由汉民居住。外城的房宅与内城不完全相同，比较狭小，显得十分拥挤，多为中下层百姓的聚居地，很少有像内城那样的大府巨邸。

曹霑生活在这样的地方，对他后来的成长起到了关键作用。由于人为的因素，他远离了皇室、满族贵官、八旗武士等这种类型的人所带来的气氛，但相应地，他也因此而有了更多的机会与普通百姓和当时的一些中下层社会的各式各样人物接触，看到形形色色职业的技艺。据说，他居住的这个地方对他日后萌发写作小说《红楼梦》有着密切关系。

当曹霑跟随家人一起来到北京蒜市口的小四合院居住时，作为一个犯罪之家，父亲的命运尚且吉凶未卜，行动自然大大受到控制。曹霑此时也只有13岁，还需要家人照顾，而照顾他的人却又是受管制之人。所以，生来就极其聪慧，因家道变迁而变得早熟的曹霑，也只有靠着自己对事物的敏感性，去深刻地观察、认识、思索、体会一些人、物、事、境。

在这样的环境之下，曹霑长到了15岁。与此同时，经过7年多皇室内的权利之争后，雍正帝最主要的劲敌与隐患都收拾得差不多了，所以在那一年，随着政治风暴接近尾声，曹家的命运也出现了转机：

雍正九年（1731）二月，雍正帝下谕旨称，凡雍正四年（1726）正月以前的亏空、侵蚀、追赔的各案件，查明后"大沛恩膏""酌予宽免"了。

三月，雍正帝又降旨，称凡因公错误应降革者，才具可用的予以职任，"片善寸长，亦不轻弃"。对知道"感恩"的宗室，都晋封爵位。

此外，对于一些"犯人"的处置也颇见"宽大"。除本人减罪不死外，妻子为奴、家产入官等非人道的旧规，都有"恩免"之例。

这在当时看来可是一件非同小可的事，因为这样一来，就有很多人可以从九死一生的悲惨境遇中逃脱出来。

这些皇恩自然也照到了曹家，于是前朝之事，也就可以"勾销"了。

就是在这种环境之下，曹霑有了上学的机遇。关于他的聪慧，当时的人们纷纷这样传闻：

"四岁已毕《四书》《五经》！"

通常说来，一个学生要读完这些艰深的书籍，快的也要读到20来岁。4岁就能读完，这几乎是常人不可想象的事！

这种说法不免有些夸张，但至少有一点可以相信：少年时的曹雪芹赋性聪颖，亲友尽传，远近咸闻。

曹家是年深已久的满俗化家庭，其习俗也是"满七汉三"的组成比例。按照清代满旗世家的规矩，孩子入学最早，督教极严。即使是皇子，也是6岁就傅。在正式入塾之前，还要从小就用小方块纸作课本，每张纸上写一个汉字，称为"字号"。在就读前，聪慧的孩子在家通过这种教育通常可以认得数百或一两千个汉字。

当时的学校，并没有统一的形式。条件好的，可以自己设立私塾，请一位"专馆"的先生来教子弟；有的成立义学，供给族人亲戚们无力上私塾的孩子上学读书，不仅免费，还给学生们发些食用钱；还有些属于官府办的不同等次的学校，称为官学。

这时的曹家，根本没有自己请师的能力。族中虽然办有义学，但距离也很远。进后城西门内包衣人聚居的地方上官学，那就更不可能了。于是，曹家只好送曹霑去上"附学"。从蒜市口西行，穿过正阳门，进入宣武门后往北一段路，来到驸马大街，那里的平郡王府中住着曹霑的表兄福彭。王府中有家塾，亲戚的孩子可以来这里"附学"。

在福彭府邸的二门外前院里，有三间正房，一明两暗。进入正门堂屋，朝北立着一面雕刻的木龛，内中供着一面牌位，上面写着"大成至圣先师孔子之位"。龛前有供案，陈设着各种祭器。每次学童进来后，都要先向牌位恭敬行礼，然后再躬身进入里间。

家塾先生通常都会靠山墙设一个大几案，案上有书，还有文房四宝及不可少的戒尺。案后是一个大木坐榻，上面是质地高雅的大靠背和极厚的大坐褥，老师可以舒适地端坐或倚靠在上面。学童进屋后，还要向先生鞠躬作揖，然后再轻手轻脚地找到自己的座位坐好。学生都到齐后，老师才开始讲课。

在这里，曹霑受到了良好的文化教育，老师也很喜欢他。与许多怕羞、胆怯的孩子相比，曹霑见人后礼数周详，举止文雅，凡见过他的人没有不称赞的，老师对他也另眼看待。

渐渐地，私塾里的老师发现这个学生不仅聪明过人，也有同龄孩子的脾气，会淘气，但他会思索，常常提出很多问题，有时问得先生张口结舌，无以回答；有时还提出一些令人惊诧的怪话怪论，听起来十分胆大妄为，令先生颇为为难。面对这些时候，先生也只好威严地斥责他不守规矩，或者胡乱搪塞一下他的提问。

<h1 style="text-align:center">（三）</h1>

在福彭的府上，曹霑还结识了两位老师，他们的人格魅力深深地感染了他，对于他日后的人生道路也产生了不小的影响。

当时，在福彭的府上有一位不俗不凡的文士，在宾客当中堪称第一，这个人名叫方观承。

方观承，康熙三十六年（1897）生于京东通州，原籍为安徽的桐城。清朝时期，方家是桐城的一门望族，整个家族中出现了许多著名的文人，其中以"桐城派"创始人方苞为代表，自此家族开始兴旺起来。而家风的文化渲染也使得方家后世子弟都以方苞为榜样，薪火代代相传，逐渐成为当地的一大家族。

不过，方观承的家世很不幸，康熙时期戴名世的《南山集》案，使得桐城的方家也受到了牵连。那时，方观承的祖父方孝标已经去世，但仍被开棺"戮尸"。方孝标的儿子方登峰、孙子方式济，以及方家的族人方苞、方贞观、方世军等，都被流放到边远的黑龙江地区。

那时方观承正值年少，在祖父、父亲及族人被流放东北后，只好孤身一人多次前往探望他们，有时还留下来陪他们住在一起，苦度艰辛。也正因为如此，方观承发愤读书，立志要为方家重振辉煌，光宗耀祖。

后来，方观承因写得一手漂亮的毛笔字被平郡王福彭所赏识，并请他到自己府上做幕宾，从而得以出入皇宫。

方观承第一次见到曹霑时，就十分喜欢他。曹霑从小就深受家庭的文化教养，见到外人时总是特别懂礼貌，所以见到的人无不对他夸奖有加。

方观承也是如此，每次见到曹霑进门后都礼貌地鞠躬，然后落落大方地坐到自己的位子上，就是王府中的那些贵族公子也没有这位没落的子弟举止优雅。所以，方观承也格外注意这位旁听的学生。每每问起一些古书上的东西，曹霑都能对答如流，才思敏捷，这不禁让方先生连连称赞曹霑很有其祖父曹寅之风。

在方先生的悉心教导下，曹霑进步很快，尤其是在古诗、古文方面长进很多，没多久就能写出一手好文章了，颇得方家桐城文风的精髓。

然而好景不长，不久，方观承就跟随福彭远赴西疆，征讨噶尔丹，而曹霑与方观承的师生情谊也就此结束。

雍正十年（1732），方观承因征讨有功，被升为内阁中书，此后更是一路青云，在乾隆一朝先后做过军机处章京、吏部郎中、直隶清河道、直隶按察使、布政使、山东巡抚、浙江巡抚、直隶总督等职。

方观承走后，福彭又为府上的子弟们聘请了铁面御史谢济世，曹霑因此又有机会受教于这位极具个性的奇士。

谢济世，字石霖，号梅庄，广西全州人，生于康熙二十七年（1688），23岁便中了进士，雍正时期被任命为御史。

可是，谢济世上任没几天，就上疏弹劾河南总督田文镜。田文镜以前是雍正府中负责管理田庄的小官，后因雍正宠信才做了地方大吏，并成为一名严苛残忍的酷吏。

谢济世弹劾雍正帝宠信的官吏，自然也就得罪了雍正帝。雍正一气之下，将其发配到乌里雅苏台军营。当时，福彭正在那里担任大将军，所以就认识了这位著名的铁面御史。

谢济世到了乌里雅苏台大营后，不问军务，反而十分逍遥地当起了老师，为当时的满清将士讲解"四书""五经"。谢济世知识渊博，授课生动，所以很吸引士兵们，大家每次都端端正正地坐好，恭敬地听他讲解。福彭对谢济世正直无私、敢于冒犯龙颜的铁胆精神也十分钦佩，故而也不怪罪他不理军务，任其发挥。

回到京城后，福彭便将谢济世请到自己府中。方观承的离开，让福彭的府中少了一位极好的老师，而谢济世的出现，其独特的个性和人格魅力深深地吸引了福彭。因此，福彭便让谢济世在自己府中的"附学"担任老师。

谢济世独具个性的言论和思想，当时也深深地影响了年少的曹霑，以至于他后来在《红楼梦》的创作中，也留下了许多受教于谢先生的痕迹，如假托贾宝玉之口，说出了"四书"之外，其他的都是后代人妄自欺骗蒙人的书籍，都应该丢掉或拿去烧掉；又说，只有《大学》中的"大学之道，在明德，在亲民，在止于至善"这几句话是真言至教，其余都不值得一谈；等等。

然而，过于刚正的人是不受同僚欢迎的。谢御史因给雍正帝上疏，建议改进科举制度，并多次进呈自己的论著，但都没有效果，于是在1738年，谢济世自请外任，从此平郡王府里也就少了一位良师。曹霑的从旁受益，自然也宣告结束了。

（四）

在这期间，曹霑还有一个好去处，就是祖姑丈傅鼐的府上，因为那里有名满京城的藏书阁——"谦益堂"。当时的人们都说，京城中富贵人家藏书多的，应首推康熙时期的大学士明珠，也即词人纳兰性德家的"通志堂"；但要以藏书之精而言，还是傅鼐家的"谦益堂"为第一，可见其品位之高雅。

曹霑第一次去"谦益堂"，就被那里浩瀚的书籍所震住了。他虽然听家人说过祖父的藏书众多，但那也只是记忆中的事，现在亲眼见到这样气派的藏书阁，曹霑惊讶得就像个农家的小孩，瞪大了眼睛使劲张望，恨不得一下子就将这藏书阁全部看尽。

这里，高大的书房中，排满了紫檀木做的橱架，跟屋梁差不多高，上面整齐地摆放着各种各样的书籍。曹霑跟在管理藏书阁的先生身后，睁大眼睛惊讶地看着，心想：

"这世界上真的会有这么多的书啊！就怕读一辈子都读不完。"

其实他哪里知道，这里也有祖父曹寅所藏的很多书籍。在曹家被抄后，不少书籍都散落了，其中有些被傅鼐购买过来，收集到自己的藏书阁之中。

在得到祖姑丈的许可后，这里便成了曹霑经常来的地方。他隔三差五就跑过来看书，有时也会借几本回去看，每次还书时，书籍都跟新的一样，从没有半点损坏和涂写。藏书先生很喜欢这个聪明的孩子，经常将藏书阁里的好书找给曹霑看，这也让曹霑不必费劲地从浩瀚的书海中慢慢寻找了。有时，曹霑对所读之书也是一知半解，但仍然读得十分快活，往往连饭都不顾上吃，整个人都像着了迷似的。

就这样，曹霑在"谦益堂"阅读了大量的诗、词、小说、戏剧等书籍，汲取了丰富的知识营养。

曹霑天性求知欲强，感情敏锐丰富，不愿受制于那些古板的八股文，喜欢那些能够展露他的才华、抒写灵性的中国古代的诗文词赋，以及被士大夫们所轻贱的各种民间通俗文学，如小说、剧本等一些在中下层社会流行的文学，即"闲书"。

由于政治地位骤落，当时的曹家不得不摒居于外城，这个条件恰好让曹霑得到了比内城、皇城里的孩子们多得多的接触"杂学"和"闲书"的机会。于是，除了在傅鼐的藏书阁读书外，小曹霑还接触到了许多"杂学闲书"，即流行当时、十分易得的小说和剧本等。

在中国，长篇章回小说和元杂剧、明传奇等剧本，都是很受读者喜爱的，且流传甚广。尽管正统士大夫们都非常鄙视这种作品，但从明代以来，情况却发生了重大变化：一是许多才华横溢之人，通过科举无法施展他们的才华和抱负，便把精力投入到小说与剧本的创作之中；二是从明代中期开始，出现了一派的"批点家"，专为这些流行的头等小说剧本作"批点"，刊刻行世。这些"批点"，也成为曹霑学习古书的重要参考。

"批点"是中国独创的文学形式，十分奇特。通常来说，批者会对他所崇拜的一部名作来表述他的赞美，阐述作品的价值所在，并借此抒发自己的感想，包括政治、哲学、社会等各方面的见解，以及艺术审美理论与赏析。

在这些"批点"中，对曹霑影响最大的就是明末清初著名文学批评家金圣叹提出的"六才子论"。也就是说，金圣叹将《离骚》《庄子》《史记》《杜诗》《水浒传》和《西厢记》这六部古代尊贵的自叙诗、哲理散文、历史传记、诗圣杜甫的诗集、民间小说和剧本这些本来传统地位极为悬殊的文学体裁与成果大胆地"拉平"了，给予了它们同等高度的评价。

金圣叹批点的感染力非常深入人心，以至于清朝时期普通读书识字的人都为之倾倒，忍不住拍案叫绝，曹霑更是欣喜若狂地接受了他的教育与指引。

不过，曹霑当时能阅读到这些书籍并不容易。不要说野史闲书了，就是比那高贵得多的古代诗文名著，也都属于"杂学"之列，通常的书塾是不会教授给学生的，更不会放任学生去看。

据记载，在曹霑接受教育期间，本来应是八股制艺风气浓厚，通儒多讲正经学问，兼擅诗赋文学的时代，然而从雍正时期开始，直到乾隆十年（1723—1745），忽然又变得专重八股，其余一概都被贬斥了。

因而，曹霑所读的"杂学"，都是他冒着风险、犯着众怒自己求索以得的。这样不守"学规"，自然也会引起家长及至亲长辈对他的气恼和愤怒，认为他是个不求上进的不肖子弟，甚至被当作"下流败类"。这些，曹雪芹后来在《红楼梦》中都进行了相应的描写：

> ……那宝玉心内不自在，便懒在园内，只在外头鬼混，却又痴痴的。茗烟见他这样，因想与他开心，左想右想，皆是宝玉玩烦了的，只有这件，宝玉不曾见过。想毕，便走到书坊内，把那古今小说，并那飞燕、合德、武则天、杨贵妃的"外传"与那传奇角本，买了许多来引宝玉。宝玉一看，如行珍宝。茗烟又嘱咐道："不可拿进园去，若叫人知道了，我就'吃不了兜着走'呢。"宝玉那里肯不拿进去？踌蹰再四，单把那文理雅道些的，拣了几套进去，放在床顶上，无人时才看，那粗俗过露的，都藏于外面书房内。
>
> 那日正当三月中浣，早饭后，宝玉携了一套《会真记》，走到沁芳闸桥那边桃花底下一块石上坐着，展开《会真记》，从头细看。……
>
> ——《红楼梦》第二十三回

有一次，郭敏和于叔度来曹雪芹家做客。曹雪芹要尽地主之益，就热情地问："你们想吃我烧的什么菜？"郭敏张口就说："身体白又胖，常在泥中藏；浑身是蜂窝，生熟均可尝。"于叔度慢条斯理地说："有一样菜你最拿手，就是：有头没有颈，有气冷冰冰；有翅不能飞；没脚千里行。"曹雪芹说："好！两位仁兄稍等片刻，我立刻就做给你们吃。"工夫不大，曹雪芹就端上两盘香味四溢的美味佳肴来，这两道菜一个是藕，一个是蛇肉。

第八章　曹家复兴

名园筑出势巍巍，奉命何惭学浅微。精妙一时言不出，果然万物生光辉。

——（清）曹雪芹

（一）

曹家在蒜市口的那座宅子，元代时曾有一条自西向东流的"三里河"，河的两岸逐渐形成了很多集市，如菜市口、猪市口、鲜鱼口，还有瓜市、草市、揽杆市等，在当时是崇文门外一个热闹的街区。

每逢节日庙会的时候，这里四处都是人，各种民间技艺、杂技玩耍、搭台演戏等，都汇聚在这里，可以看到许多精彩的民间艺术表演。所以，这里也成为曹霑少年时经常游玩的地方。

北京城的庙多，庙会自然也少不了。城里的庙宇除了平时香客烧香求佛之外，每逢庙会时，庙内及其附近都设有贸易市场，人们从四面八方赶过来，各地的商品都云集在这里，丰富多样，十分热闹。久而久之，庙会也成为北京人生活中不可缺少的一部分。

庙会的日期并不固定，有的是一年一度，有的一个月内就有好几天，如每逢九、十、一、二是隆福寺，逢三是土地庙，逢五、六是白塔寺，逢七、八是护国寺，再加上正月初一开庙的东岳庙和大钟寺

（一般开庙十天到半个月），初二的财神庙，十六、十八的白云观，三月初三的蟠桃宫，等等，整个京城几乎每天都有庙会。所以，当时就有这样的话——"北京城是庙会的天下"。

对于少年曹霑来说，逛庙会是一件非常开心的事，那些来自全国各地的风俗表演或摆设特产的摊位，都是他醉心流连的地方。尤其是他家居住的地方靠近城南一带，更是庙会群集。庙会举办的那些天，从崇文门外沿护城河一直向东，一路上都是车水马龙，人来人往。

在庙会期间，如果能赶上春末夏初，气候宜人，游人们中便有的戴着马连坡草帽的，有的穿着官纱大褂的，有的手执折扇的，熙熙攘攘，鱼贯而行。《都门赘语·蟠桃宫诗》中便写道：

暮春天气最清和，如蚁游人夹道行。
多少仙姬争艳冶，不知谁是许飞琼。

这首诗所讲的，就是许多女子打扮得花枝招展来参加庙会的情景。

在庙会上，说大鼓书、单弦、相声、变戏法的艺人都会在庙外设场献艺，还有远近城乡的民间花会、踩高跷、舞狮子、旱船等，一路表演，锣鼓声不断，招徕众多的游人。许多小商小贩也都赶来做生意，摊位一家挨着一家，连绵几里，热闹非凡。

庙会上还有一种赶脚的毛驴，俗称"对槽驴"。这种毛驴训练有素，不需要主人跟在后面，自己就能将游人送到庙会前，不会多走一步路。乘客下驴后，毛驴还会自己按照原路返回，继续接其他的游人。一般只需要几枚铜币，就可以乘一趟"对槽驴"。

曹霑在这些庙会中看到了许多以前从未见过的东西，也见识到了各地的风俗特色，这些趣事的场景都装入了他的脑子，并成为他后来写作《红楼梦》的素材。

（二）

就在曹霑无忧无虑地过着他的青少年生活时，雍正十三年（1735）八月的一天清晨，太监照例到雍正帝的榻前，恭候皇帝起来早朝。

平时的这个时候，雍正早已洗漱完毕，在大殿里接见百官了。但这一日的清晨，太监在外面等了半个时辰，也不见皇帝起床。于是，老太监就斗胆前去揭开龙帐，轻轻地摇动一下雍正，结果一点动静都没有。老太监赶紧握了握雍正的手，结果发觉皇帝的手已经冰凉，原来皇帝早已过世了。

雍正暴亡后，消息很快被封锁起来。关于他的死因，也就成了一个谜。但是，外面还是不断流传着关于雍正死因的猜测，有的说雍正是被当年与其争夺皇位的皇子派高手刺死的，有的说是吕四娘入宫将雍正刺死的。

吕四娘是当年因文字狱被雍正掘坟戮尸的吕留良的女儿，她为了替父亲报仇，潜入宫中，做了一名宫女，终于在一天夜里趁雍正生病熟睡之时，用一条白丝带将他勒死在龙榻上。

无论外面如何传闻，雍正帝总是死了。而雍正的暴亡，也令他的四皇子弘历遵照遗嘱马上继位了。

1735年九月初三，弘历继位，下诏第二年改年号为乾隆元年。乾隆帝的继位，也给困境之中的曹家带来了一个喘息的机会。从九月到十二月的几个月里，乾隆为表示皇恩浩荡，接连下了几道大赦的恩旨，除了重要的政治犯外，免除其他一切较轻的罪犯，雍正时期被抄家的曹家也终于得到了皇帝的恩典而被赦罪。

第二年，也就是乾隆元年，曹霑的大表兄福彭被升为协助办理总理事务的大臣，相当于现在的副总理职位；他的姑祖父傅鼐也被召回，做了兵部和刑部两部的尚书，也就是掌管军政大事的一品大臣。

在这些亲戚的扶植下，曹家也开始逐渐摆脱了先前带罪于身的困境。要知道，当时曹家初到京城时，以往的亲戚朋友都爱莫能助，生怕自己被牵连进去。现在，一切罪名都随着雍正帝的暴亡而被乾隆帝免除了，曹霑的父亲曹頫还在朝中谋得了一个小职位，一家人的生活也渐渐好了起来。

乾隆即位之后，在当时的满洲贵族中进行了一次大规模的选秀活动，就是在这些人家中挑选一些才貌出众、品德贤良的女子入宫。当时，曹霑的一位姐姐也被选入宫中，这又给曹家带来了一线希望和转机。

在清朝的制度中，内务府人家的女孩子是不能自己决定婚姻大事的，必须等待皇帝挑选完毕后，才能嫁人。这些女孩子到了一定年龄后，朝廷就会派经验丰富的老年妇女，按照皇家规定的标准来挑选秀女。一旦被挑中，就要马上入宫。《红楼梦》中开头写薛宝钗从南京到京城来，就是因为她即将到了选秀女的年龄，所以才被母亲和哥哥送到京城，也才有了入住贾府的情节。

这些被选入宫中的女子，都被称为宫女，专门侍奉后宫的皇太后、皇后等。有的被皇帝看中了，就会被留下做皇帝的侍妾，然后按不同的等级被封为嫔妃、贵妃等。

曹霑的姐姐也是在选秀时被选入宫中的，并且深得乾隆帝的喜爱。后来，她为让门庭光耀，还特意在皇帝的恩准下，浩浩荡荡地回曹家省亲。

有着皇帝的这等恩幸，曹家也开始步入上升的境况。也正因为曹霑亲历了这次规模宏大的省亲过程，他才会在《红楼梦》第十六回中进行了精彩、细致的描述。

在《红楼梦》的第十六回中，贾宝玉的父亲贾政正在为自己准备寿辰，合府设宴开戏，非常热闹。忽然有人来回报说，管理后宫的太监首领夏秉忠来传圣旨了。

　　唬得贾赦贾政等一干人不知是何消息，忙令止了戏文，撤去酒席，摆香案，启中门跪接。

等到听闻宣召，贾政立刻进宫陛见——

　　贾赦等不知是何兆头，只得急忙更衣入朝。贾母等合家人等皆惶恐不定，不住的使人飞马报信……贾母正心神不定，在大堂廊下伫立……

我们可以想象，由于经历过之前的劫波，所以只要一听到皇上的圣旨下来，全家人都被吓得心惊胆战。

　　事实上，曹雪芹的用意就在这里，他所写的也就是自己家中当年的真实情况：一个戴罪的家庭，就像是惊弓之鸟一样，生怕哪天皇帝又下什么圣旨，带来更加不好的消息。这种惶惶不可终日的心态，仅在这一细节中就被体现得淋漓尽致。

　　所幸的是，这次的圣旨带来不是坏消息，而是好消息：府中的大姑娘贾元春被升为贵人，要回家省亲，皇帝的恩宠再次降临。而对于现实中的曹雪芹来说，父亲曹頫重任官职，亲戚朋友纷纷帮扶，姐姐入主宫中，曹家也正因此，形势逐渐好转起来，从而有了几年的好光景。

（三）

　　从雍正暴亡的当年到第二年，是步入青年的曹霑一生中最快活、最难忘的时光。由于免除了罪责，亲戚又纷纷升迁，"同难同荣"、"六亲同运"，曹霑真正又成了世家公子。他的"锦衣纨绔，饫甘餍肥"的生活，也正是这时候经历过来的。

　　这时候，曹霑也有了更多的"自由"，可以出门到各处去自由地游观赏玩。他经常会到大表兄福彭家和祖姑丈傅鼐家，与府上的表兄弟姐妹们一起玩耍。当然，最令他感到开心的，还是跟随家中的老仆人一起去附近的庙会，在那里可以看到各种各样的民间舞蹈、杂耍等，还有许多好吃的零食。生活无忧的曹霑对这一切总是很着迷，常常都磨蹭着不愿意回家，直到在那里逛够了才罢休。

　　有时，老仆人还会带着曹霑去泡子河边的一处老宅看看，给他讲一些祖上辉煌而有趣的故事。这所老宅是曹家老祖宗帮助皇帝入关有功而被赏赐的宅第，门前河水波光荡漾，两岸桃红柳绿，沿河石板砌成街道，门前飘着各色招牌旗帜。

　　这里不仅有来自各地的商贾开设的店铺，更重要的是旁边就是当时各地书生参加科举考试的"贡院"。每年到大小考试的时候，这里都是群贤毕至，热闹非凡。

　　在老宅的院子里，还供奉着一尊魁星。魁星是专门掌管天下读书人事情的神灵，由于曹雪芹的老祖宗都是武将出身，当年帮助清朝皇帝打入关内，在清朝建立后，他们意识到读书与博取功名的重要性，因此也希望自己的子孙后代能够多读诗书，从而通过科举之名光宗耀祖，于是便在这院落中建造了一座小阁楼，在阁楼中供奉上魁星的雕像，并在旁边种下不少桂树，以此来寄予后代考中状元、折桂朝廷的愿望。

　　除了这座魁星阁外，院子中还有一处名叫"鹊玉轩"的地方。据传说，从前这里伫立着一座专门产玉的大山，当地人那时还不知道玉是宝物，所以都随手捡拾玉器玩耍，有时还像扔瓦砾一样，朝着树上扔打乌鸦、喜鹊来取乐。

　　曹寅听闻这个传说后，有感于此，便将此处命名为"鹊玉轩"，希望自己的子孙后代不要学那些糟蹋名贵宝玉的人，要懂得珍惜上天给予的恩赐。

老仆人还给曹霑讲了许多有关他的祖父曹寅的故事，曹霑也深深地被这些故事所吸引，对祖父愈发敬佩。

回到家中后，曹霑还意犹未尽，缠着老祖母问这问那，问有关祖父的种种。年事已高的老祖母，就给他回忆起旧话来了：

"咱家那个园子，不大，可海棠都像大树，年头儿可远了！园外离泡子河不远，那是东城墙根儿了，一大片野水，树木，不像城里，倒像是到了城外。花开的时候，一家子都去逛园子，那才叫热闹呢！"

祖母的话让曹霑听得入神。忽然，他猛然又问道：

"那魁星是什么样子的？"

祖母笑着说：

"魁星不太大，浑身是金色的，长得像个小鬼，一脚翘起来，叫'踢斗'，一手执笔是在点什么——点那北斗星。魁星是管作文章的，供奉他，生了子孙就有文才，作得好文章，好中状元。"

曹霑听完后，又好奇地问：

"我的祖父也考过吧，进过贡院吗？"

祖母自豪地说：

"当然考过，还中了举人。只是后来康熙老皇上不让咱旗人再考高的科名，说咱本来世代已有官位，没必要再去争这么点儿名利，可你祖父心中还是盼着儿孙能有高中的。他觉得，世上没有出科名的家门，都会被人看不起，被当成粗人看。你祖父的才气，当时谁都比不了，可江南的那些书香世家还是会在背地里轻薄。你祖父为此很是气恼，便他主张要供个魁星！"

后来，曹霑又从祖父的诗集中看到了两句诗：

娲皇采炼古所遗，廉角磨礲用不得。

这句诗意思是说：在荒古时代，忽然西北上天穹坏了，日夜漏雨，天下洪水为灾，人都淹死了。女娲氏为了补天，就炼制了无数大石块，最终将天补好了。可是在补天时，有一块灵石被没用上，被扔在了地上，万年亿年，石头的棱角都磨没了——就是有人想再用它，也用不得了，成了废物！

曹霑渐渐明白，祖父是将自己比作能够补天的神石，可最终却得不到重用。这也成为曹雪芹后来所创作的《红楼梦》中大黄山青埂峰下那块女娲补天遗漏的石头的来源。别的石头都可以成材补天，唯有这块石头，却被遗落在了人间尘世。

第九章　被禁空房

心病终需心药治，解铃还需系铃人。

——（清）曹雪芹

（一）

在曹府，年纪大的家仆带曹霑到的地方，都带有一些怀旧吊古的成分在内，而曹霑的那些年轻的哥哥们，多则不喜欢去那种冷落和僻静之处，却引着曹霑往西行。因为出了家门一直往西，过了金代古迹"金鱼池"，经过天坛，就是天桥的所在地了。

这里有很多好玩的，江湖卖艺的，耍刀剑的，卖药的，弹唱的，算卦的，卖民间饮食特产的，闹闹嚷嚷，热热闹闹，一片下层社会市民的娱乐气氛，令人眼花缭乱。内城的高贵八旗人是不会到这种"野地方"来的。曹霑第一次来这里时，简直是大开眼界，同时也暗中感叹穷苦人为生活而付出的艰辛和不易。

如果从家门出来后，先循着崇文门外大街北行一段路，再穿过一个又窄又长的胡同，便是正阳门外商市最繁华的地区。这里的大街两侧布满了商铺，商铺的"门脸儿"上有各式各样的招牌、装饰，手工之精巧，色彩之华丽，令人眼花缭乱。两侧再各进入里侧一层，则又布满了客店、饭馆、会馆、钱庄、珠宝店、乐器店等。此外，这里还有茶馆和戏园。

来到这里后，曹霑最想看一看的，就是那向往很久的"查楼"。查楼是北京城最古老的一座戏院，因为始建者姓查，故而人们都称这座戏院为查楼。有名的戏班和名角，都会在这里露演。

查楼位于一条很窄的小胡同里。查楼的门前，便摆设着中国戏剧舞台上所用的"道具"，武戏用的刀、枪等。这里经常能传出笙笛弦索的妙音，又不时夹有锣鼓的节奏。

曹家家境开始出现转机时，曹霑也开始跟着福彭府、傅蕭府中的表兄弟们一起玩耍，慢慢熟识了一些八旗子弟，也逐渐沾染上了他们身上的一些习气。曹霑开始学着他们一样，出入酒馆茶楼、戏院庙市，并且很快就被这一切迷住了。

而最让曹霑沉迷的，就是戏院。中国戏是歌舞剧，衣妆绚丽，音乐伴奏非常动听，与中国的诗、画一致，主要精神和手法是"表意"的东方艺术，歌词也是一种十分美妙的诗句或韵文，不是散文或口语；内容也是一些才子佳人的悲欢离合、家族府第的繁华萧条等，这些都深深地吸引着曹霑，吸引他陷入深深的思索之中。在看戏时，每每回想起自己家族的兴衰成败，曹霑都会潜然泪下。

曹霑天生就是个艺术家，因此对戏剧十分着迷。可是，这也给他惹来了不少麻烦。

那时，演员都被称为"优伶"，社会身份极其卑贱，被人看不起，"良家"是不做这行的。而且，那时还没有公开演戏的女演员，凡是妆扮戏中女性的，都是由男子假扮的；演青年女性的伶人称"小旦"，于是就造成了一种畸形的"女性美的男人"。虽然这在当时听起来是件很奇怪的事，但事实的确如此，而且最红的小旦还能风靡全京城，就连王公贵臣都争相结识。事情就是如此矛盾：以此种职业为最贱，又以结识此类人为荣耀。

不过，这些"优伶"中也经常会出现一些超群的人物，技艺高超自不必说，还深通书史诗画这些中国最看重的文化造诣。也就是说，其中有些人高雅不俗，是一种沦落于当时社会所谓"贱业"的不幸的大艺术家。他们当中一些收入高的，有些还颇有侠义，常常济困扶贫，救人于患难之中。

受这种习气的影响，曹霑也渐渐迷恋上了戏剧中的一些名角小旦。有些下流的迷者，经常会将戏剧中的小旦当成"男妓"来看待，但曹霑从不这样。虽然他年纪轻，但却十分欣赏怜惜这种沦落风尘的超人的天才艺术家，对他们十分尊重。事实上，曹霑自己最后也走上了这条路。

（二）

曹霑迷上"优伶"的事很快就传到了家人的耳朵里。曹頫十分气愤，命令家人将曹霑绑起来狠狠打一顿。

对于此次经历，曹雪芹可能始终牢记在心，因此在《红楼梦》中十分逼真地描绘了贾宝玉挨打时的一幕：

……话未说完，把个贾政气的面如金纸，大喝"快拿宝玉来！"一面说，一面便往里边书房里去，喝令"今日再有人劝我，我把这冠带家私一应交与他与宝玉过去！我免不得做个罪人，把这几根烦恼鬓毛剃去，寻个干净去处自了，也免得上辱先人下生逆子之罪。"众门客仆从见贾政这个形景，便知又是为宝玉了，一个个都是咬指咬舌，连忙退出。

……

贾政一见，眼都红紫了，也不暇问他在外流荡优伶，表赠私物，在家荒疏学业，淫辱母婢等语，只喝令"堵起嘴来，着实打死！"小厮们不敢违拗，只得将宝玉按在凳上，举起大板打了十来下。贾政犹嫌打轻了，一脚踢开掌板的，自己夺过来，咬着牙狠命盖了三四十下。众门客见打的不祥了，忙上前夺劝。贾政那里肯听，说道："你们问问他干的勾当可饶不可饶！素日皆是你们这些人把他酿坏了，到这步田地还来解劝。明日酿到他弑君杀父，你们才劝不成！"

——《红楼梦》第三十三回

这次经历对年少轻狂的曹霑而言，真可谓是刻骨铭心，幸好老祖母和母亲及时赶来，苦苦哀求曹頫，才让曹霑免于棍棒之苦。

事后，曹霑也渐渐体会到了父亲对于自己的一片苦心。望子成龙的父亲，对于自己浪迹纨绔子弟间的行为，被气到如此地步，曹霑内心也开始深深自责起来，并反思自己的无知和愚蠢。在《红楼梦》的第三回中，有《西江月》二首，似乎形象地描画了他当时的少年形状：

> 无故寻愁觅恨，有时似傻如狂。
> 纵然生的好皮囊，腹内原来草莽。
> 潦倒不通世务，愚顽怕读文章。
> 行为偏僻性乖张，那管世人诽谤！
>
> 富贵不知乐业，贫穷难耐凄凉。
> 可怜辜负好韶光，于国于家无望。
> 天下无能第一，古今不肖无双。
> 寄言纨绔与膏粱：莫效此儿形状。

这虽然是假托世人流俗眼光的标准来评价自己少年时期的不肖行径，但也的确代表了他的长辈、家人对他的看法。后来，曹雪芹对于自己的这段生活也颇有悔意，这种"反语"可能也是他自己的一番反省与自责。

在当时，曹霑的行为还不只是败坏家声这么简单，还有更可怕的，那就是他结交了某家王府里戏班的小旦，结果几乎给他的家族带来新的政治麻烦。如此一来，曹頫更是气怒万分，一怒之下便将曹霑倒锁在一间空屋里，圈禁起来。这一圈禁就是三年，曹霑的行动完全失去了自由。

<h2 style="text-align:center">（三）</h2>

在清朝时期，圈禁本来是用来处罚政治性罪犯的，是轻于杀头和流放边荒的一种惩罚方式，而这却成了曹頫用来惩治曹霑的家法，可见曹頫对曹霑肯定是万般无奈与气愤。既然一般的鞭笞与呵斥都经失去了效用，那也只有这个方法才能稍微让曹霑收敛一下他那颗放荡的心。

在被圈禁期间，虽然衣食无忧，但终日都被关在一个很小的屋子里，不能再像以前那样四处走动和游玩，这对年轻贪玩、放浪成习的曹霑来说，肯定是十分痛苦的。家中疼爱他的老祖母、母亲，还有仁厚的老仆等，每次也只能偷偷给他送一些三餐以外的东西。每次乘看守他的仆人不注意时，偷偷来探望他的人都会悄悄地问一句：

"你还想用点儿什么吗？"

身在绝境的曹霑通常都会摇摇头。此刻，他不需要任何物质上的东西，但他很想读书，于是就提出说：

"给我几本书吧，再拿点儿纸墨笔砚来。"

"好，好。可是，你要什么书呢？"

"随便，闲书最好！"曹霑随后答道。

到了这种时候，曹霑还念念不忘给他带来"灾难"的闲书。可对曹霑来说，这却是他在倍受精神折磨的时候，还能进行精神活动的唯一途径。

曹霑自幼便喜爱读书，祖父留下的书籍他翻阅过很多，其中有不少小说。后来到京城后，他更是在福彭和傅鼐的府中见过很多小说，这也给他的阅读提供了更多的方便。

旗人尚武，加之努尔哈赤对《三国演义》异常喜爱，因此旗营中《三国演义》极其盛行。《水浒传》主要写的是英雄故事，故而也颇受旗人的欢迎。《金瓶梅》虽然有"秽书"之誉，但因其对世俗生活描摹得真实细致，对文字语言纯熟的驾驭，对人物塑造的活灵活现，也受到许多知识分子的青睐。

曹霑对这些书都熟悉得很，尤其对《金瓶梅》一书有着自己的见解。在他看来，历来人多数都将此书误读了，而对作者"盖为世戒，非为世劝"的深意无从理解和关注。他对一部明末崇祯本的《金瓶梅》上"原序"尤为欣赏。该序写道：

> 余尝曰："读《金瓶梅》而生怜悯心者，菩萨也；生畏惧心者，君子也；生欢喜心者，小人也；生效法心者，乃禽兽耳。"余友人褚孝秀偕一少年同赴歌舞之筵，衍至《霸王夜宴》，少年垂涎曰："男儿何可不如此！"褚孝秀曰："也只为这乌江设此一箸耳。"同座闻之，叹为有道之言。若有人识得此意，方许他读《金瓶梅》也。

被圈禁中的曹霑，虽然失去了自由，但也有更多的时间用来读书与思考。一天，一个曾经出现在他脑中的火花又重新出现了新的亮度：

《水浒传》一书中，有一百零八将；东岳庙寝宫，有一百多位侍女塑像；祖父的诗："娲皇采炼古所遗，廉角磨礲用不得。""茫茫鸿朦开，排荡万古愁！"

《三国演义》一书中，关公、周瑜、孔明、曹操……这些文武奇才；苏东坡的《念奴娇》词："大江东去，浪淘尽，千古风流人物……江山如画，一时多少豪杰！"

南唐后主的词："流水落花春去也。"

《西厢记》的"花落水流红"……

这些，纷纷乱乱，丛丛杂杂，一时都涌向心头，毫无条理次序地萦回不止。曹霑心中暗暗决定：

"我也要写一部小说。"

曹霑此时的决定，似乎比以前小时候的想法更深沉了些。在他看来，无论是《三国》写争雄斗胜的文武将相，还是《水浒传》写逼上梁山的草莽英雄，如果脱掉政治身份的外皮，都是古人对于人才的赞美与咏叹，甚至包括惋惜与悲愤。

因此，曹霑认为，古人写小说都是为了写人、写人物、写人才，为了他们的光彩与命运而留下的锦绣文章，从而感动着万千读者。但是，这些人物、人才又是怎样产生的呢？应该怎样看待他们的价值？这就需要自己从头思考了。

由于自己特殊的经历：既有大家士族的经历，又有平民下层的生活，加上自己的能力，曹霑自信，自己的文章可以超出常规，真实可信。他还有一个独特的想法，就是天地之生人，不能全用那种死板机械的"两分法"去看待，不能用简单的好坏、贵贱、贫富等观念去硬分死判。在曹霑看来，天地之生人应该另有一论。

　　曹雪芹医术高明，为不少人治愈过病，一些有钱人的病被曹雪芹治好后，就常常送些钱或买些东西送给曹雪芹。曹雪芹告诉这些人，你不要给我钱，也不用给我买东西，你的这些钱先留着，一旦有病人看病，抓不起药，我就让他找你，你把他的药钱给付了，这不是可以帮助更多的人解除病痛吗？就这样，曹雪芹为许多贫苦百姓治愈了多种顽症，人们交口称赞他的医术高明、医德高尚。

第十章　再遭家变

滴不尽相思血泪抛红豆，开不完春柳春花满画楼。

——（清）曹雪芹

（一）

就在曹霑被圈禁的三年当中，外面的世界已经发生了巨大的变化。乾隆四年（1739），京师发生了一桩惊天大案。而这次变乱，也直接影响了曹霑以后的生活和人生道路。

此次案件仍然与皇位有关。雍正皇帝即位之前，几个皇子之间对皇位一直都是你争我夺，最终皇四子胤禛取得胜利，成为雍正皇帝。但是，雍正即位后，采取了极端的手段，对曾经与自己作对的兄弟不是圈禁就是流放，由此也埋下了祸根。

当年的太子胤礽被立了废，废后又立，可谓遭受百般磨难。胤礽生于康熙十二年（1673），是康熙的第二个儿子。胤礽出生时，他的母亲，也就是康熙最宠爱的皇后去世了，所以康熙帝从小就十分疼爱胤礽，在胤礽年仅三岁时，就册立他为太子。

当然，胤礽自幼也资质不凡，康熙帝不仅亲自教他读书，还指派当时第一流的大儒，如熊赐履、张英、李光地、汤斌等人，为这位太子侍读陪讲。

　　在这些名师的精心教导下，胤礽进步很快，不仅精通满汉文字，还擅长骑射等武功。康熙帝看到胤礽如此，心里自然十分高兴，在众多皇子居住的畅春苑西边，专门建造了一座西花园赐给胤礽单独居住。后来康熙帝两次亲征噶尔丹，都将太子胤礽留守在北京城，代替他处理朝政，可见对这位太子的厚爱与信任。

　　然而，太子胤礽却在他的舅舅、朝廷重臣索额图的宠护下，开始骄纵起来，并逐渐出现了一些不检点的行为。

　　太子的这些行为，对于具有宏图大展的康熙帝来说，是极其忌讳的事。康熙帝最痛恨的就是不守规矩、行为不检之事，因此一怒之下，将太子的行为迁怒于索额图。因为是他专门辅佐太子的，学生出现了差错，老师同时又是长辈的他自然难辞其咎。结果，索额图被关进了大牢，直至死在牢中。

　　渐渐地，康熙帝对太子胤礽也不像以前那般宠爱了，这无疑就给了其他皇子新的希望，于是他们纷纷在康熙帝面前表现争功，私下则拉拢亲王大臣，为自己树立政治优势，希望能够获取皇位。

　　康熙帝逐渐意识到了问题的严重性，遂对诸皇子采取了严厉的防范措施，提防他们之间出现互相残害的现象。然而，悲剧还是发生了。皇长子胤禔竟然雇用喇嘛和巫婆，以邪法诅咒谋害太子胤礽，致使太子精神失常，并被蛊惑着明目张胆地去刺杀父皇康熙。这次彻底激怒了康熙帝，遂正式宣布废除胤礽太子之位，还将他幽禁在胤禔的府中。

　　后来，皇三子胤祉告发了胤禔的阴谋邪法，康熙帝才知道太子胤礽是被人诬陷的，于是又重新册立他为太子。可怜这位太子，历经诬陷、废除的折磨，虽然太子之位复原，但还是在这场皇位的争斗之中被逼疯了，最后死于囚困之处。

　　曹雪芹家恰好就与这位废太子有着千丝万缕的联系，这也成为后来曹家卷入朝廷纷争的原因所在。当年，曹雪芹的祖父曹寅就是太子胤礽居住的西花园的监修人，又与太子胤礽最敬信的老师熊赐履交往深厚，后来有些时候，胤礽还常常派人到南京曹寅的府上"取款"，一次就是两万两白银。仅仅这些，就足以看出曹家与太子胤礽的关系非同一般。

太子胤礽死后，其长子弘晳继承了爵位，是为理亲王。雍正即位后，弘晳一直深得其他不满雍正的大臣们的拥戴，而且他本人也是气度不凡，颇具文才武略，所以也一直被雍正所注意防范。

但是，等到雍正帝去世，被雍正指定继承皇位的弘历，也就是乾隆皇帝，却没有注意到这一点。雍正帝在去世前，曾遗命庄亲王胤禄、果亲王胤礼、鄂尔泰、张廷玉四人辅政。其中，庄亲王胤禄尤其深受雍正帝重用。所以在雍正帝去世后，庄亲王便既是皇叔，又是首席辅政大臣，威权一时无两。

于是乎，群臣便纷纷逢迎，个个争先，唯恐落后。一群宗族子弟，如弘升、弘昌、弘晳等，也纷纷聚集在这位辅政亲王身边。

（二）

聚集在庄亲王胤禄身边的这些人，平时也不过是宴饮嬉乐，听戏闲谈，偶尔也在背后谈论一下朝政，但总有些好事之人，将宗族子弟群居宴戏的消息传到乾隆皇帝那里。

乾隆帝得知后，对此不以为然。因为在他看来，庄亲王胤禄不过"一庸碌之辈"，"若谓其胸有他念，此时尚可料其必无"。

但是，清朝的皇帝也都十分清楚，党争是大明亡国的主要祸根之一。在他们看来，朝臣既然结党，就不免营私。所以有清一朝，都严厉禁止朝臣结党。康熙时期，就曾不遗余力地打击鳌拜、索额图、明珠诸党；雍正时期，还大治皇八子、年羹尧、隆科多诸党，原因虽然各异，但最主要的原因还在于他们聚集党羽，谋取私利。

为了防止宗室成员向胤禄过度聚集，形成小集团，乾隆帝在接到消息后，特命宗人府以"结党营私"之名，查处相关人员。

这一查不要紧，乾隆帝竟然在审案过程中得知了一个意外的消息：理亲王弘晳仿照内务府七司建制，在其居所设立了相关机构。

一直以来，对于自己不能继承大统，弘晳感到很不满。但大局已定，他也只能无可奈何。皇帝当不上了，又心有不甘，弘晳便在家中享受一下作"假皇帝"的感觉，仿照内务府七司设立了一系列相应的机构。

虽然弘晳的行为只是一种自我满足，但在极度讲求等级的封建社会，这种僭越行为简直就是十恶不赦的谋逆大罪，招来杀身之祸也是必然的事情。

然而，胆大妄为的弘晳还向所谓的"神人"询问以下事情：

"准噶尔能否到京？"

"皇上寿算如何？"

"将来我还升腾与否？"

……

这些问题，简直就是欲图谋逆的确凿证据了。

弘晳私设机构的事情让乾隆帝既惊讶又愤怒。经过深思熟虑，乾隆帝将案件交给了平郡王福彭、公讷亲进行审理。二人经过仔细审理，基本弄清了事情的来龙去脉。福彭等人认为，弘晳所犯罪责按刑律应革其爵位，照"谋逆未行"之罪处绞立决。

乾隆帝声称，虽然弘晳平日对他"并无敬谨之意，惟以谄媚庄亲王为事"，现在获罪自然是罪有应得。但念其为圣祖皇帝之孙，因而不忍处决，特命将其圈禁于景山。

与此同时，参与弘晳事件的人也都遭到了相应的征伐，或被圈禁，或是流放。在这期间，曹家的几位亲戚也被牵涉连累：先是在这个案子发生的前一年，曹雪芹的姐姐被废；接着，他的祖姑丈傅鼐因犯了大错被关入大牢，不久就病死了。第二年，曹雪芹的大表兄福彭也因牵涉到弘皙案件，只好自请养病休假。

作为内务府下的曹家，也因为弘皙案被牵涉进去，结果被乾隆帝从严惩治，原先的房子又被查抄没收，曹家也只好被迫再次迁家。但因一时无法找到住处，曹家还开始了一段艰难的四处寄宿的生活。

这次查抄，也让曹家彻底失去了经济来源。以前，曹家还可以领到勉强度日的旗人供奉，现在这也被剥夺掉，一家人连个安身的地方都被没收了。

清朝满洲族内有个规矩，就是男子在满18岁时，必须要被派到指定的地方去当差服役。曹霑长到18岁，按规矩也要到指定的地方去当差服役。因此，乾隆六年（1741）前后，曹霑便被派到一所雍正帝时期下令专为教育内务府子弟而建立不太久的一所"包衣专校"——咸安宫官学去了。

咸安宫官学是雍正帝时期下令专门为教育内务府子弟而设立的一所学校，汉人中有不少有学问的举人、贡生等，都在这所官学中做教习，负责教授汉字和文学，曹霑在这里做的是笔帖式和堂主事。

笔帖式是满语的译音，满语是"巴克什"，后来又转为"榜什"。在旗人还未曾入关前，"巴克什"在满洲人中的地位是相当高的，是文职的一个赐名；入关后，"巴克什"就被改为笔帖式，在当时朝廷的各个部院衙门都普遍设置，有翻译、缮本、贴写等名目，掌管着翻译满汉章奏文籍等事务，官级最高的不过七品，是一个很普通的文职小吏。

不过，对于旗人来说，通过笔帖式作为跳板，当官升迁的机会却很多。当时八旗之中的高官显贵们，很多都是由笔帖式出身。

曹霑在内务府做过笔帖式和堂主事。也正是因为他笔帖式的差使当得好，后来才被提升为堂主事的。内务府的组织结构是"总管"为首，下设七司各设"郎中"，是近乎副部长一样的主管长官，再往下便是"主事"了，都是司内的办事分职的次级小官员。其中，特名"堂郎中""堂主事"的负主要责任。

这些主事除了正式的编制名额之外，还有皇帝特赐的"额外主事"。在《红楼梦》一书当中，贾宝玉的父亲贾政就有皇上"额外赏的一个主事"的职位，这似乎是隐写了曹霑内务府家世的巧妙之笔。

<h1 style="text-align:center">（三）</h1>

曹霑在内务府当差大约最多只到乾隆十三年（1748）左右。这也是他一生为皇家"服官"的唯一一段经历。关于曹霑离开的原因，现在已无从知晓，但在那几年当差的时间里，曹霑还完成了人生的婚姻大事，他的妻子是城西一位陈姓家的女儿，也是个不怎么优越的家庭。所以，有了新家庭后的曹霑再也不能像以前那样肆意游荡了，而是开始真正担起家庭的重任来。

只是，曹霑是个公子哥儿出身的人，不懂得生计，也不会经营的门路，甚至连衣食一时都难以自理，是需人服侍的"废物"。这就是他自谓的"天下无能第一"了。在这种情况下，他很快就陷入了缺衣少食、举目无告的困境。

当时，潦倒的曹霑所能想到的办法就是求亲告友，忍辱受贬地求得一个寄食借住之地，暂且勉强苟活。

大表兄平郡王府是他第一个可以托身寄命的地方，姑母疼怜他，也会收容他。只是这样一来，平郡王府中便多了一家子吃闲饭的穷亲戚，所以，曹霑夫妇难免要忍受一些难堪之言，遭受下人的白眼。这些世态炎凉的人间相，曹霑第一次饱谙了。

不幸的是，平郡王福彭只活到乾隆十三年便去世了。福彭一死，府中的情况也随之大变。刚刚安定下来的曹霑见状，知道平郡王府难以再住下去，只好告别姑母家，投奔到岳父家。

然而，曹霑在岳家的经历也不愉快。可能就像《红楼梦》中封肃对待他的女婿甄士隐那样：

> 今见女婿这等狼狈而来，心中便有些不乐……士隐乃读书之人，不惯生理稼穑等事……封肃见面时，便说些现成话儿；且人前人后，又怨他不会过，只一味好吃懒做。士隐知道了，心中未免悔恨……
>
> ——《红楼梦》第一回

这种局面自然不能长久，曹霑只好又离开岳父家。在没有亲友可投奔之时，曹霑不得不住暂在庙院里，有时还住过马棚。曹霑小时候曾去过的古庙卧佛寺，如今却成了贫无可归的曹霑的寄居之处。

住处是勉强有了，可三餐却还是没有着落，无奈之下，曹霑就靠写小说来维持生计。此时，曹霑已经开始写作《红楼梦》，当时名为《石头记》。但写小说是要用纸的，可他连纸也没钱买，就只好将旧历书拆开，翻转了页子当稿纸用，每夜挑灯写作，以便第二天可以换取一些食物填饱肚子。

这样的日子维持了很长一段时间，后来幸而有熟人介绍，曹霑在北京城西单牌楼稍北的石虎胡同的富察氏家中谋得了"西宾（家塾教师）"的职位。对于家族几次被查抄的朝廷罪犯来说，能得到这样的职位在当时已经很不容易了。

富察氏是满洲的一个大姓，曹霑的祖姑丈傅鼐就是这个家族中的一支。在富察氏的家族当中，还有马姓的一支，也是当时的大户。

马家在马齐的时候达到了辉煌的顶峰。马齐曾两次做过大学士，这是与宰相一个级别的官职。另外，他还负责过与沙俄的外交、商贸等事务，签订过边界条约，总管过内务府，是康熙、雍正两朝皇帝身边宠信的重臣之一。

曹霑担任西宾的东家，就是这位马齐的后代富良家。曹霑本来也是与他们一样的世家公子，也曾经放荡不羁，喜好饮酒，但同时又善于谈论，风趣诙谐，这样的性格，显然很难长久地被东家容忍。因此，他的言行很快就召来了富家管家的嫉妒和诬陷，有时管家还故意在富良面前说曹霑的坏话。很快，富良就对曹霑不满起来。

终于有一次，曹霑因不满管家虐待府中的一个丫鬟，站出来为丫鬟说了几句公道话，惹恼了那个管家。为此，管家又在富良面前说了不少谗言，诬陷曹霑与这个小丫鬟有不正当的来往。

富良听信了管家的谗言，认为曹霑"有文无行"（虽然有文采，但人品不好），向曹霑下了"逐客令"。

曹霑很快就结束了在富良家这段不愉快的"西宾"生活。所谓"朝扣富儿门，富儿犹未足"，即使每天很早就去富家开始工作，还是不能得到富家人的满意。更有甚者，"劝君莫弹食客铗，劝君莫扣富儿门；残杯冷炙有德色，不如著书黄叶村"。就算是残羹冷炙，在富家人看来，也已经是对曹霑的怜悯同情了；能够收留曹霑在府上做事，更是对他莫大的恩惠，因此常常都是一副居高临下赏赐的姿态。

曹霑自然忍受不了这种生活，当然，在富家的生活也让他深切地体会到了人世间的冷漠无情，世态炎凉的感伤时刻都笼罩在他的心头。

第十一章　结交挚友

偷来梨蕊三分白，借得梅花一缕魂。

——（清）曹雪芹

（一）

曹霑在富家做西宾时，有空时会经常到附近的右翼宗学串门。当时宗学里的老师都是著名的进士，如黄去非、李迁甫、徐秋园等，都是当时较有名气的文人。他们的地位也很高，见到公卿贵族们通常都不需要行跪拜的大礼，而是只需打个长揖就行了。每逢开学典礼之时，反而是京城的总督大人带着一些贵族学生，向这些老师们行跪拜的礼节。

由于颇有才学，曹霑与宗学里的几位老师很快就熟识起来，所以没事时，他就会过来与几位老师交谈聊天，谈论一些诗文创作的话题。这些人也很看重曹霑，为能经常与曹霑见面，还在宗学里腾出一间空房供他居住。

宗学里环境幽雅安静，不太容易受到外界的干扰，因此，曹霑白天在富家当差，每当夜深人静时，就躲在宗学的这所小屋子里，点上一盏油灯，全神贯注地写作《红楼梦》。这段时光虽然清苦枯燥，但却是曹霑创作《红楼梦》的一个很重要的时期。清雅的环境，闲暇的时间，宗学的氛围，给了他很多创作灵感，他在这期间写就了大部分的书稿。

在宗学期间，曹霑还结识了两位宗室兄弟。这两个人一个名叫敦敏，另一个名叫敦诚，后来成为曹雪芹后半生最相知的朋友。

敦敏，字子名，号懋斋，生于雍正七年（1729）；敦诚，字敬亭，号松堂，别号慵闲子，生于雍正十二年（1734）。两兄弟都是和硕英亲王阿济格的第五世孙。两人本来是亲兄弟，后来敦诚在15岁时被过继给叔叔宁仁为嗣。

敦敏与敦诚两兄弟祖上也十分荣耀，他们的老祖宗和硕英亲王阿济格就是当年追随多尔衮打入中原的亲王之一，是正白旗三个亲王中的一个，深受多尔衮的信任和重用。

遗憾的是，阿济格后来卷入了皇位争夺的纷争中，被其他兄弟击败，后来又被逮捕，削去爵位，圈禁在牢狱之中，府上也被抄。最终，阿济格因不满自己所受的对待而反抗，竟被赐死。

从此以后，阿济格这一支便逐渐没落下去，直到康熙时期才被赐还宗室，阿济格也被追封为镇国公。到敦敏、敦诚这个时候，其地位虽远不及当初辉煌显赫，但日子还是过得相当殷实。也正因为这样，两兄弟才有机会到宗学中读书受教。

曹霑虽然比敦敏、敦诚两兄弟年长，但彼此相识后，相似的经历、遭遇与背景，让他们很快就相互交流并结为好友。

敦诚自幼就有极高的天分，机灵聪敏，深得父亲疼爱。长大后，他性格开朗，为人大度，与哥哥敦敏的稳重老诚形成了鲜明的对比。

敦诚尤其喜欢作诗，13岁时便跟随宗学中有名的诗人学习作诗。在宗学读书期间，敦诚在课余的一次偶尔机会中结识了曹霑，一下子就被曹霑那风趣不俗的谈吐吸引住了，后来又不断读到曹霑的诗歌，更为他的才学所倾倒，称赞曹霑为"爱君诗笔有奇气"。

而且，敦诚还喜欢喝酒，喜欢高谈阔论，这与曹霑又很投缘。因此，虽然两人年纪悬殊，但却很快就成了知心朋友。后来，敦敏在敦诚的介绍下，也结识了曹霑，并与曹霑成为相知相惜的好友。

在与曹霑的交往过程中，敦诚和敦敏发现，曹霑极其善谈，爱讲"故事"，而且他的能谈善论很有特色。

首先，曹霑那放荡不拘的性格和潇洒开朗的胸襟，能令他的谈话意气风生，嘻笑怒骂信口拈来。

其次，曹霑素喜诙谐，信口而谈，不假思索，充满幽默与风趣，每设一喻、说一理、讲一事，无不令人为之捧腹，笑断肚肠。

第三，曹霑不同流俗，颇有识见，凡是他不同意的，都会与你开谈设难，绝不唯唯诺诺；加之他辩才无碍，口若悬河，对垒者无不心悦诚服。

此外，曹霑傲骨狂形，疾俗愤世，凡是他看不惯的人与事，必定要加以揭露，冷嘲热讽，使聆听者为之拍案叫绝。

熟悉一些后，敦诚、敦敏渐渐发现，曹霑的可爱之处绝不仅这些，他嘴上的妙处固然超人，腹中的学识更是令人赞叹。越是与他相处，就越发现这个人的了不起。渐渐地，他们也成为"一日不见，如三秋兮"的至交好友。

（二）

在宗学期间，兄弟两人与曹霑相聚在宗学聊天谈论了许多个难忘的夜晚。那时，通常都是敦敏去打上几斤酒，提来一些熟食，然后一起来到曹霑暂住的宗学的小屋子里。屋子的窗外有一棵颇具年岁的高大婆娑的枣树，在晚风的微拂下飒飒作响。昏黄的灯光下，三人就围坐在窗前，谈天说地，饮酒对酌。

敦诚写过一首《寄怀曹雪芹》的诗，深情追忆他们在宗学期间朝夕相处的那段难忘的岁月，其中有这样的句子：

> 当时虎门数晨夕，西窗剪烛风雨昏。
> 接罗倒着容君傲，高谈雄辩虱手扪。

这首诗中所说的"虎门"，就是指他们所在的宗学。《八旗经文·宗学记》中曰：

"即周官立学于虎门之外以教国子弟之义也。"

"数晨夕"，即经常朝夕一处叙谈。"接罗倒着"，犹如今天常说的反戴帽子、歪戴帽子，表现人物的不拘小节和幽默诙谐。"虱手扪"，是用王猛扪虱而谈的典故，《晋书·王猛传》中记载：

"桓温入关，猛被褐而诣之，一面谈当世之事，扪虱而言，旁若无人。"

表现了王猛傲视权贵的名士风度。

这几句诗生动地描写了曹霑与敦氏兄弟在宗学朝夕相处时的高谈雄辩与亲密无间。尤其是曹霑那善于谈吐、倨傲狂放的姿态，被描绘得栩栩如生。

这与当时人裕瑞在《枣窗闲笔》里所描绘的曹雪芹"身胖，头广而色黑，善谈吐，风雅游戏，触境生奇，闻其奇谈，娓娓然令人终日不倦"的记载完全吻合，完全一致。

有一年中秋的傍晚，敦敏、敦诚与曹霑约定，要与曹霑与其他几位朋友在宗学的庭院中一聚。

宗学的西厅是三明两暗的五间房子，平时用来作教师们的休息室，晚间便改为杂役人员的宿舍，曹霑就住在那间偏房当中。厅前种有两棵桂花树，当时花开正旺，庭院幽香。喜欢开玩笑的敦诚一见到曹霑，便打趣道：

"芹圃，你身居桂殿兰宫，福分不小啊！"

曹霑当然明白这是雅谑之语，于是故意昂首挺胸，迈开方步，口中念念有词地说道：

"朕……"

还未等这个"朕"字说出口，敦敏便一步上前，用手捂住了曹霑的嘴。

"祸从口出啊！嘴巴上可一定要有把门的才行！"敦敏小声地说。

三人随即相视大笑。

这时，敦诚走过来，认真地问曹霑道：

"曹兄，说正经的，你对人生到底是怎么看的？上次我听你说的关于人的禀赋有正有邪之论，可以说得更具体一些吗？"

曹霑看敦敏问得认真，便故意咳了两声，摆开长篇大论的姿势，有板有眼地回答道：

"敬亭问得好！这几天，我也正在琢磨人生的大课题呢，并准备写入我的书《石头记》当中。概而言之，天地人生，除大仁大恶两种，余者皆无大异。若大仁者则应运而生，大恶者则应劫而生。运生世治，劫生世。尧、舜、禹、汤、文、武……皆应运而生者；蚩尤、共工、桀纣、始皇、王莽、曹操……皆应劫而生者。大仁者修治天下，大恶者扰乱天下。

"清明灵秀，天地之正气，仁者之所秉也。残忍乖僻，天地之邪气，恶者之所秉也。若正邪二气相遇，则正不容邪，邪复妒正，其气必赋之于人……正气若生于诗书清贫之族，则为逸士高人；若生于薄祚寒门，则必为奇优名倡。"

敦敏听得半信半疑，便忍不住插话道：

"那么，依您之言，岂不是'成则王侯败则寇'吗？"

"正是这话！"曹霑应声击掌，斩钉截铁地说。

关于这一大段正邪两赋的宏论，曹雪芹后来果然写入了《红楼梦》的第二回当中，借书中人物贾雨村之口和盘托出，表达了他那王侯实等同于盗贼的极其大胆的看法。

（三）

由于思想观点接近，情趣志味相投，曹霑与敦氏兄弟经常一起饮酒，高谈阔论，论题的范围也十分宽广。谈论经史，赏析奇文，探幽析微，相互切磋，曹霑总能比他们观察得更为透彻，言之也更为切中要害。

试想，曹雪芹在《红楼梦》一书中，借宝玉之口大骂一心求得功名的人为"禄蠹"，骂官场赃官恶吏为狗男女，憎恶读"四书"，憎恶读八股文，反对扼杀人才的封建科举制度，公开提出质问：

"难道状元就没有不通的吗？"

由此看来，在与当时无话不谈的知己中间，高谈阔论这种种黑暗恶浊的怪现象，也是很自然的事情了。白纸黑字，尚且哪管世人诽谤；私下谈吐，必然更能畅意抒怀，狂放不羁。因此，敦诚才会有"接罗倒着容君傲，高谈雄辩虱手扪"那样令人动情动容的诗句。

敦诚和敦敏最喜欢的，就是听曹霑讲一些野史杂志中的奇谈怪论。有时，他们还会让曹霑讲一些他正在创作的小说《红楼梦》中的情节。而曹霑也很愿意将自己的构思讲给两位小兄弟听，以便他们能给自己提一些宝贵的意见，帮助他对小说进行加工润色。

在当时，小说这种文学形式还远未达到它在今时今日所享有的地位，人们不过是将它作为一种"闲书"，最多也只是读读欣赏，思想上并不认为它是可登"大雅之堂"的东西。同样，朋友们喜欢曹霑，也并不会将他在这方面的才情摆在第一位。换句话说，当时曹霑在敦氏弟兄等人的心目中首先是个诗人，其次才是其他的文学艺术家。

敦敏在曹雪芹在世时的诗句中，说他：

寻诗人去留僧舍，卖画钱来付酒家。

在曹霑死后的诗句中，说他：

逝水不留诗客杳，登楼空忆酒徒非。

而敦诚后来在回忆时更强调说，他与曹雪芹在宗学相会相交的原因之一，就是喜爱他的诗歌。曹雪芹死后，有一次，敦诚还与他人联句，追怀所有的亡友，一一加以列举。在说明"诸君皆可述，我辈漫相评；宴集思畴昔，联吟忆晦明"之后，其第一位列举的就是"诗追李昌谷"的"曹芹圃"（即曹雪芹）；又有一次，他在谈到自己所作的一折《琵琶行》传奇剧本时，说明"诸君题跋不下数十家"之后，首先列举的又是曹雪芹的诗句。

之所以如此推许曹雪芹的诗，首先因为敦诚本人就是个诗人，故而能赏识曹雪芹的诗；其次，曹雪芹的诗的确也精彩，比敦诚的诗要出彩得多，所以敦诚才为之叹服倾倒。

曹雪芹的诗主要是师承了他的祖父曹寅。虽然由于环境条件、生活经历及性格才情等不同于祖父，但祖父留下的那部《楝亭遗集》他却是下功夫读过的；而且，曹雪芹作诗又有他自己的风格特点，即：诗绝不轻作，但却格意新奇，颇有奇气；再则，曹雪芹具有"诗胆"，其诗胆如铁般刚硬，如刀刃般锋利。

（四）

开始写作后，曹霑陆续有了几个别号：雪芹、芹溪、芹圃等，而且，曹霑又向往自由、无拘无束的生活，羡慕"竹林七贤"的风度，尤其喜欢阮籍的为人，纵酒狂歌、白眼向人，故而自命名"梦阮"。为了表述方便，在下面的行文中，我们便开始用他广为世人所熟悉的"曹雪芹"一名来称呼他。

一次，敦敏、敦诚与曹雪芹一起闲谈，谈着谈着就扯到曹雪芹的名号上来了。敦诚便问：

"曹兄，你的小名为曹霑，自然是沾润皇恩之意了，那么号芹圃呢？参加科考，入泮谓之采芹。《诗经》中月：'思乐泮水，薄采其芹。'大号芹圃，这人岂不是要读书做官吗？"

曹雪芹轻蔑一笑，说道：

"长辈们的意思自然是这样的，但如今我已经是背离父兄教诲之恩，于国于家无望之人，还说这些做什么？"

敦诚又接着说：

"所以，你后来又白号雪芹、梦阮。梦阮自不必说，是追慕阮籍的狂放不羁，你的性格也的确狂于阮步兵了。曹雪芹这雅号，是不是从苏辙的诗《新春》中'园父初挑雪底芹'一句取来？"

曹雪芹看了敦诚一眼，笑而未答。还是敦敏比敦诚年长几岁，看的书多，经的世事也多，便纠正敦诚的话说：

"你恐怕只知其一，不知其二。苏辙的诗倒是道出了'雪底芹'高洁、耐寒的情操，但要象征曹兄的劲挺傲骨，恐怕就不那么贴切了。依我看，怕是取自范成的'玉曹雪芹芽拔薤长'一句诗吧。"

曹雪芹仍是摇头一笑，好像是故意引而不发。禁不住敦诚的再三催问，曹雪芹才从容吟咏出下面四句诗来：

> 泥芹有宿根，一寸嗟独在。
> 雪芽何时动，春鸠行可脍。

听完曹雪芹吟出的诗，敦诚思索半响，忽然恍然大悟，大声赞道：

"妙啊！这不是苏轼《东坡八首》中的句子吗？苏东坡因为迁入'乌台诗案'被捕入狱，差点丢了性命。《东坡八首》是他出狱后被贬官黄州时所作。据苏东坡事后说，吏卒到他家中搜查，气势汹汹，他家中的老幼几乎要被吓死。家人赶紧将他的手稿全部烧毁，才算没有再被抓住什么新的把柄。曹兄，你真是心藏万端啊！这鸠乌之比，雪芽之喻，直骂得痛快淋漓，佩服，佩服！"

宅三、复斋等，也是曹雪芹在宗学里结识的朋友，他们经常一起联吟结社，诗酒唱和，成为一时之盛。

像祖父一样，曹雪芹不仅诗才出众，而且还是个文武皆能的人。据他的朋友们的诗文记载，曹雪芹能诗善画，既会舞剑，又善于操琴。他性格放达，好饮酒，非凡的才能和理想的不能伸展，使得他的脾气像酒量一样大，对他看不上的人总是白眼相向。敦诚的《赠曹雪芹》一诗中就写道：

> 司业青钱留客醉，步兵白眼向人斜。

唐朝人郑虔很有才名，但生活贫困无着，便经常骑着马到司业苏源明处饮酒，喝醉了就回去。"步兵"一句是用魏晋时期阮籍的故事，阮籍也喜欢饮酒，传说为了能喝到好酒而作步兵校尉，故而称"阮步兵"。阮籍性格狂傲，见了达官权贵常常以白眼视之，表示看不起。

敦诚以苏源明自比，并说曹雪芹像阮籍一样，不仅好酒，还狂傲不羁，是一个性情中人。

除了在宗学里结识的敦氏兄弟外，曹雪芹还结交了不少其他朋友，也多是些不得势的满人宗室子弟。这些人也彼此熟悉，因为相似的家族背景、文化素养、个人喜好及个性为人等，他们也常常聚在一起谈论诗文书画、饮酒听曲放歌。

　　同时，曹雪芹还经常跟这些朋友到附近的酒馆聚饮，游览各大寺观，听取高僧大德精妙的禅理，留宿寺观是经常的事，他还曾醉倒在朋友家的马厩中酣然大睡。

　　《红楼梦》的创作仍在进行着，结构也不断调整，内容文字也在不断润色。周围的朋友经常会跑过来询问曹雪芹小说的进度。有时看不到稿子，他们就拉着曹雪芹，让他讲讲下一回的故事情节。

　　什刹海西岸的天香楼里，菜做得很不错，味道好，是附近有名的酒楼，曹雪芹和他的一群朋友经常来这里吃饭喝酒。久而久之，老板、店小二等都认识了这群喜欢聊天的落魄公子们。

　　每一次，曹雪芹都坐在这群人中间，手里擎着酒杯，一堆人围在四座。他高兴地讲述着，精妙的言语如春风拂过面颊一般。每当此时，曹雪芹宽大的额头上都会泛着兴奋而自得的光。周围的每个人，也都沉浸在故事的进展和人物的命运之中，不知不觉一天就过去了。周而复始，这样的事情都在酒馆中一遍遍地上演。

　　有时，曹雪芹自己感到馋了，或被朋友们催得没办法，就扬言道：

　　"欲快睹我书不难，以南酒、烧鸭享我，我即为之作书。"

　　每当这些时候，他都可以当个座上宾，大快朵颐。酒肉是吃了，但请客的人却未必能很快看到曹雪芹的稿子；实在被催问得急了，他就将后面的故事便概拿出来敷衍一下。

第十二章　落魄西郊

花谢花飞花满天，红消香断有谁怜？

——（清）曹雪芹

（一）

曹雪芹与敦诚、敦敏及其他朋友的相处十分融洽快活，然而遗憾的是，随着曹雪芹被富家辞退，他与敦诚、敦敏兄弟二人相处的美好日子也很快结束了。

与此同时，内务府对右翼宗学也进行了改革，不但在人事方面进行了调整，校址也迁到了宣武门内的绒线胡同。这样一来，曹雪芹与敦氏兄弟剪烛快谈、联吟结社的事终于引起了宗学的注意。

试想一下，当时富府内的一个普通西宾，竟然能吸引那么多学生在他周围，对他钦慕、崇拜，这岂不是与宗学的正统教育分庭抗礼吗？众多皇室子弟崇拜一个包衣奴才，成何体统？

另外，曹雪芹孤傲狂放，他的诗文谈吐的确比宗学中不少有功名、有头衔的教师高明得多。这样下去，宗学里的教师们还会有脸面吗？

如此种种，宗学终于借了个因由，将曹雪芹扫地出门了。

现在，曹雪芹再一次面临生活无落、无处安身的境遇。无奈之下，他只好离开京城，去郊外另谋出路。在清朝时期，凡是在旗的人，当在外面混不下去时，唯一的归宿就是拔旗归营。

清军入关之后，曾大肆实行圈地，除了皇室占有的称为皇庄，官僚贵族占有的称官庄，一般旗人所得到的分地都成为旗地。

北京的西郊所圈占的就是旗地，并且按八旗的名称划分区域，每区还设有专人管理，称为旗营。原本属于哪一旗的人，拔旗归营后就只能回到哪个旗的旗营内。曹家隶属于正白旗。

在一个风雨飘摇的秋日，曹雪芹收拾简单的行李，携带妻子搬到了北京西郊香山附近正白旗的小山村里落了脚。

那时，西郊是皇帝京城去的地方，有几处著名的"御园"，即畅春园、圆明园和以西的"三园"——瓮山（万寿山）的清漪园（今颐和园）、玉泉山的静明园与香山的静宜园。这些宏伟巨丽的名园，在庚子国变之时，被入侵北京的八国联军破坏了。

围绕着这些御园，还有众多的护军驻卫，以及名色繁多的为园子服役的大量内务府属下的旗人和杂役。曹雪芹来这里，可能也是为投奔这些人中的亲友和相识，以觅得一个栖身之地。西郊的很多地方都可能有过他的足迹，最后他才来到西山近旁的一个小山村。

这个偏僻的小山村当时连名字都没有，曹雪芹来了之后，这里才有了个"黄叶村"的名字。这个名字，还是出自曹雪芹的好友敦诚的诗句"残杯冷炙有德色，不如著书黄叶村"。

当然，这并非真有那么一个名叫黄叶村的地方，而是虚指长满树木的小村庄，一到秋天时就遍地黄叶。这种景象与意境非常受古代文人的喜欢，故而他们都向往能到这样的地方居住、吟诗、著书、饮酒，过着逍遥自在、闲适清淡的日子。

所以说，"黄叶村"也只是一个象征符号，是文人墨客都向往的理想之地。但不管怎样，自从曹雪芹搬到这里之后，又有了好友敦诚的那句诗，这个本来无名的小山村就正式改名叫黄叶村了，而且村名自此便保留下来。

初到香山时，按照旗营的规定，曹雪芹每个月尚可以领取四两月例银，每季支取1.7石米，另外还分到了三间草房。

来到黄叶村不久，曹雪芹便喜得贵子，这也给他带来了无限的希望。虽然他的处境比以前更加艰难，但儿子的降临还是给他带来了不少快乐，让他对生活重新有了信心，也坚定了他加快完成著述的信念。曹雪芹对这份来之不易的幸福弥足珍惜，儿子也一时成为他心中的最宠。

（二）

刚到黄叶村时，曹雪芹一家真是"举家食粥酒常赊"，全家都没有稳定的经济来源，每天只能拿出很少的一点米，熬上一大锅稀粥，就算是全家一天的主食了。有时，曹雪芹的夫人还会到田间去挖些野菜来，放上一点细盐当菜吃，但这也常常是上顿接不了下顿，日子过得就像遇到了大灾之年一样。

生活最困难的时候，曹雪芹连写稿子的纸张都没钱去买，要买也都是到地摊上去买那种烧给死人的黄表纸，既便宜又能吸墨。所以，《红楼梦》最初的大部分书稿都是在这种纸张上写就的。

有时，曹雪芹正在全神贯注地写作时，手边又没纸了，他就只好将家里的旧黄历找出来，将它撕下来在背面继续写。可怜这位大文豪，就是在这种艰苦的环境下，努力完成了《红楼梦》这样一部伟大的著作。如今看来，真是令人感慨万千。

曹雪芹非常喜欢饮酒，但这时生活贫困，根本没有余钱买酒。酒瘾作祟时，他就只好去小酒店去赊一些，等有钱再还给人家。

有时被店家催债催急了，曹雪芹只能靠卖画赚几个钱来支付给店家。曹雪芹的家中一直珍藏着祖父收藏的一些名画，但那是绝不能拿出去卖的，所以曹雪芹所卖的画大多都是他自己临时画上的几幅，拿去卖了给酒家抵债。

当年在京城期间，曹雪芹曾跟随如意馆的画师学习绘画。不知是由于内务府的亲戚推荐，还是如意馆的画师独具慧眼，曹雪芹在绘画上的天赋被发现了，于是画师就以如意馆缺人为缘由，将曹雪芹调入如意馆内去学艺。

如此一来，曹雪芹便在如意馆中生活了一段时间，绘画的本领也长进了许多。再加上本来的天赋，曹雪芹的丹青之笔便犹如神助一般，有着较高的造诣。

正因为如此，曹雪芹在小说《红楼梦》当中多出讨论绘画上的技巧和理论，就连贾母的丫鬟鸳鸯姑娘，都能脱口说出一二来。

在《红楼梦》的第四十六回中，大嫂劝丫鬟去给贾珍做妾，鸳鸯便当面痛斥大嫂，其中就有这样一句：

什么好话？宋徽宗的鹰，赵子昂的马——都是好话（画）！

宋徽宗画的鹰和赵子昂画的马，都是古代极其名贵的画作，也是古代画者竞相模仿的典范。鸳鸯虽然是贾母身边最受宠爱的丫鬟，但也毕竟只是个丫鬟，却能够脱口而出，达到与"好话"谐音的效果，一语双关。

这当然是作者曹雪芹自己信手拈来的话语，如果没有对古代绘画知识的深刻了解，是很难做到这样随心所欲地运用的效果的。

曹雪芹在右翼宗学期间，并没有完成《红楼梦》的写作。即使一些写下来的章回，也还有许多地方空着待补。曹雪芹的创作态度一直都是十分严谨的，一句诗斟酌未稳，一个情节甚至一个细节还未十分把握，他都会空下来，待深思熟虑之后，再认真补上。

在右翼宗学期间，曹雪芹与许多友人交往，逐渐了解到了许多与他相近人家的盛衰变迁、坎坷际遇，这也让他渐渐跳出仅仅局限于自家经历的小天地中，将《红楼梦》中所写的人物、事件等，放到了历史社会的大背景下来观察把握，进一步挖掘出它的悲剧意义，这也促使曹雪芹不断积累生活素材，一边写作，一边修改。

《红楼梦》一书的第一回中，就有一段作者的自白，其中写道：

> 曹雪芹于悼红轩中披阅十载，增删五次。

由此足以证明，完成巨著《红楼梦》这项浩大的工程，是在曹雪芹晚年贫居黄叶村时最后完成的。

（三）

来到西山后，曹雪芹还在附近的私塾找到了一份教师的工作，就是教附近的一些普通人家的孩子读书。虽然教授的是贫穷人家的孩子，没多少学费可收，但平时那些家长也会从家中拿些柴米油盐的带给曹雪芹，这多少也能帮曹雪芹一家勉强维持日常生活。

当上私塾先生后，曹雪芹的生活也逐渐稳定下来。白天他到私塾去教孩子读书，晚上回来后，便坐在油灯下改阅《红楼梦》的书稿。

偏僻的山村，宁静的夜晚，可以让曹雪芹更加集中精力删改书稿。对于过去家族的荣辱兴衰，对于社会人生的冷暖无情，对于生活境遇的艰难困苦，都汇集在曹雪芹的心头，也凝聚成万千思绪，流淌在《红楼梦》一书的书稿之中。每删改一次，都会让曹雪芹增加更为深刻的认识与体验，书稿也更加成熟与完整。

尽管黄叶村的生活十分清贫艰苦，曹雪芹一家有时不免举家食粥，但农民的真诚，民风的淳朴，也给曹雪芹的思想与体验打开了新的境界。

有一天，曹雪芹路过汉民村落，看到那里的村民们正在忙着收割庄稼。米谷刚刚打下来，装到袋子里，庄户头就开始挨家挨户地来讨租了。

农民们一看庄户头来了，都哭喊着向庄户头求告，诉说今年遭了涝灾，收成不好，希望能减少一点租子。但农民的乞求根本没用，粮食还是一袋一袋地被强行从农家中装车拉走了。就这样，地净场光，农民们一年又白白辛苦了，自己连肚子都吃不饱。

曹雪芹很清楚，这些被庄户头抢走的粮食，转手还要运送给作为他们主子的住在京城中的富贵人家，因为早年曹家就是这样的。不过，那时曹雪芹还不知道农民们种地有多么艰难，生计有多么困苦。

后来，曹雪芹在《红楼梦》中写到庄头乌尽孝来贾府交租的一节时，就好像那一日看到的凄惨情景又浮现在眼前一般。乌尽孝是为贾府经营旗地的代理人，本身并不是佃户。他向主子诉说道：

> 回爷说，今年年成实在不好。从三月下雨起，接接连连直至八月，竟没有一连晴过五日。九月里一场碗大的雹子，方圆近一千三百里地，连人带房并牲口粮食，打伤了上千上万……
>
> ——《红楼梦》第五十三回

这本来是如实反映的情况，却不仅没有得到贾珍的一点同情，反而还被贾珍臭骂了一通，说乌尽孝"打擂台"，还恶狠狠地训斥他：

"不和你们要，找谁去要？！"

在亲眼见识到农民的辛苦后，曹雪芹渐渐意识到，整个贵族统治阶级骄奢淫欲的生活，都是建立在那些一年四季面朝黄土背朝天，在地主的土地上当牛做马、流血流汗，却无法活命的广大农民身上的。一旦这些农民再也承受不动了，他们就只有铤而走险地去做盗匪这一条路，官逼民反啊！

因此，曹雪芹借助《红楼梦》中人物甄士隐之口说道：

> 偏值近年水旱不收，鼠盗蜂起，无非抢田夺地，民不安生，因此官兵剿捕，难以安身。
>
> ——《红楼梦》第一回

经过一次次认真的修改，《红楼梦》中地主阶级与农民之间不可调和的斗争这条暗线更加分明了。作为中国封建社会末世的一面镜子，《红楼梦》在客观上的确反映出了深刻的阶级矛盾与社会矛盾。

曹雪芹所写的《红楼梦》，开头说女娲补天剩下一块顽石，被丢弃在青埂峰下，后来身入红尘，经历了悲欢离合，炎凉世态，一直到顽石归天，全书结束。在京西正白旗村西不远处，就是樱桃沟。樱桃沟里横卧着一块大石头。这块石头远远望去，就像是一个大元宝，人们就叫它元宝石。这块元宝石不是真的宝石，是假（贾）宝石（玉），所以它才不值钱。曹雪芹就是仔细观察了元宝石，觉得它好像通了灵性，因此写出了贾宝玉的故事。这就是"记石头"，《红楼梦》又名《石头记》。

第十三章　白旗生活

谩言红袖啼痕重，更有情痴抱恨长。字字看来皆是血，十年辛苦不寻常！

——（清）曹雪芹

（一）

在西山期间，虽然生活比以前更加清贫，但也是曹雪芹一生中较为难忘的一段经历。闲暇之时，他经常会与附近的村民接触聊天，还帮助他们出谋划策对付地主，当地至今还流传着许多有关曹雪芹的故事。

曹雪芹是个性情中人，不喜欢与有钱有势的人交往，却喜好结交穷朋友，所以，有位先生就送给他一副对联，上面写道：

远富近贫，以礼相交天下有；
疏亲慢友，因财绝义世间多。

清朝乾隆年间，送礼风气盛行，一些当官的想尽办法，寻找各种机会，让别人来给自己送礼。曹雪芹对这种行为十分鄙视，甚至恨之入骨，一逮住机会就会捉弄他们，弄得这些官员下不来台，而百姓却拍手称快。

有一次，西山附近的健锐营副都统赫老爷做五十大寿，就下请帖邀请本营各旗的人员前来赴宴。很明显，这就是想摊派他们来送礼。曹雪芹知晓这件事后，便决定替营旗里的朋友出出气，捉弄一下赫老爷。

赫老爷做寿设宴的这天，家里搭起了大鹏宴席，吹吹打打，十分热闹，就连圆明园、火器营等各旗的佐领们也都亲自或派人送来了寿礼，有的送来了鸡鸭鹅，有的送来了当地的特产，有的送来贺钱，还有送来了古董字画……礼品多得数不胜数。

不过，赫老爷家中根本不缺这些东西，却缺一幅当时在方圆数十里都颇有名气的曹雪芹的画。可当地人都知道，曹雪芹所画的画作从不轻易送人。

为了求得曹雪芹的字画，赫老爷特地派人带了两坛上好的黄酒和烧鹅送到黄叶村，还备下已经装裱好的画轴，请曹雪芹为他画一幅"祝寿图"。

曹雪芹早就知道赫老爷做寿的事，见赫老爷派人来求画，便早已成竹在胸，故而也不推辞。等赫老爷做寿设宴的这天，曹雪芹便请人挑上两个酒坛，自己手中拿着赫老爷送来的画轴，亲自来到赫老爷家中。

一进大门，曹雪芹就看到赫老爷家中张灯结彩，戏台高筑，大门两旁还悬挂着四面大鼓，足足有两个人高，击鼓的正站在高架子上卖力地挥舞敲打着。在大鼓的旁边，还有四支大号，号手们也正拼命地吹得呜呜作响。此外，还有一群小鼓手分作两班，轮番奏乐，的确显得很有排场。

大门里面的人一听说曹雪芹来了，都很吃惊。因为大家都知道，曹雪芹是不喜欢这种场合的，也很少会给有钱有势的官员送礼，今天怎么挑着酒、捧着画亲自给赫老爷拜寿来了呢？

赫老爷一听说曹雪芹来了，自然是喜出望外，忙命人将曹雪芹送来的酒坛摆在桌子上，高高兴兴地贴上"寿"字，并招呼下人好好款待曹雪芹。

不久，宴席开始了，前来为赫老爷祝寿的人纷纷献上贺礼。赫老爷为炫耀一番，特命人将曹雪芹送来的酒启封，给每位客人都斟上一盏。有的性急的人忙端起酒杯尝一口，结果发现这酒一点味道都没有，就像白水一样。但怕扰了赫老爷的兴致，也不敢说。

赫老爷自己也端起一杯酒尝了一口，结果也发现这酒毫无味道，可碍于面子又不好说出来，只要自欺欺人地笑着说：

"真是好酒啊！"

曹雪芹一听，哈哈大笑着说：

"这哪是什么好酒啊？不过，我还有一副对联要送给您，还请您收下并挂起来。"

赫老爷一听，忙命管事从曹雪芹手中接过画轴，悬挂在厅堂的"寿"字两边。宴席上的人定睛一看，这根本不是赫老爷想要的"祝寿图"，而是八个大字：

朋友之交，清淡如水。

满堂宾客一看，顿时都说不出话来了。赫老爷的脸色也十分难看，但他很快就自我解嘲道：

"朋友之交，清淡如水，好，好！圣贤曾说过，水淡而情浓，这样才显得交情深厚嘛！"

说完，他自己先哈哈大笑起来。

众人见状，也都纷纷附和着说：

"是啊，是啊，水淡情浓嘛！来来来，大家干杯！"

结果，曹雪芹挑来的两坛清水被众宾客喝了个精光。

（二）

在乡村私塾期间，曹雪芹还结识了一位知心好友张宜泉。这份友情也给曹雪芹山村清居的生活增添了不少乐趣与慰藉。

张宜泉生于1720年，是内务府汉军旗人。他自言"先世曾累受国恩"，祖上曾因战功受勋，但后来其家世不明缘故地败落了，可见他也是个破落户的飘零子弟。

张宜泉13岁时，父亲病逝，不久母亲也死了，继而遭到哥嫂的虐待，被迫离开家中。好在他读过书，而且聪颖博学，便流落到北京西郊，在农村的私塾中谋得个塾师的职务。他嗜酒好饮，诗歌也写得出色，留有诗集《春柳堂诗稿》。

在诗稿的自序中，张宜泉感叹身世道：

"家门不幸，书剑飘零，三十年来，百无一就。"

这与曹雪芹在《红楼梦》第一回"作者自云"所说的"平生潦倒，一技无成"几乎是一样的口气。

张宜泉也是个傲骨嶙峋、放浪不羁之人，与曹雪芹的身世际遇又颇为相似，同时也都有着愤世嫉俗、傲世傲物的情怀，因此，两人一见如故，成为好友。

每当曹雪芹修改书稿一时苦恼，无法展开思路时，便会去找张宜泉喝酒聊天，与他谈论书稿中的一些问题。往往就是在这样的谈论中，曹雪芹获得了点滴灵感，随后马上回去继续修改书稿。

有时，张宜泉从私塾下课后，也会提上两斤酒来到曹雪芹的住所，两人边饮酒边聊书稿。曹雪芹兴致上来时，还会将自己的书稿拿出一两回来，让张宜泉先睹为快。

两人还经常作诗畅怀，抒发内心情感。可惜的是，曹雪芹的诗作没能留存下来，我们只能从张宜泉的诗篇之中觅得一些踪迹。在《春柳堂诗稿》当中，便存有一首题为《题芹溪居士》的七律诗，对曹雪芹进行了热情的称赞。诗曰：

　　爱将笔墨逞风流，庐结西郊别样幽。

门外山川供绘画，堂前花鸟入吟讴。

羹调未羡青莲宠，苑召难忘立本羞。

借问古来谁得似？野心应被白云留。

曹雪芹结庐西郊，贫贱自守，以著述诗画为生活乐事，张宜泉的诗描绘得多么形象贴切。

"羹调""苑召"是运用了李白与阎立本两人的典故。

李白号青莲居士，唐玄宗召他为翰林学士，曾"以七宝床赐食，御手调羹以饭之"，初时十分得玄宗欢心。

阎立本为唐朝宫廷画家。有一次，唐太宗召他为宫廷画花鸟，阎立本急得汗流浃背，回家后深感惭愧，便告诫儿子说：

"勿习此末技！"

张宜泉借用这两个典故，意在称赞曹雪芹有骨气，宁可受穷，也决不去做那种供皇帝役使的御用文人、御用画家。

曹雪芹还经常与张宜泉相约一起游览西山一带的山林寺庙。他们带着拐杖，一路攀爬，欣赏秀丽而幽静的山水风景。在众多寺庙中，最著名的就是西岭顶峰的广泉寺。这座寺庙本来是很有名气的，康熙年间的诗人王士禛等均有题咏，但如今却只留下断壁残垣，荒废很久了。

曹雪芹、张宜泉二人来到这里后，曹雪芹还特意写了一首七言律诗《西郊信步憩废寺》。遗憾的是，原作已经失传，还好张宜泉的唱和诗还保存在《春柳堂诗稿》当中。这首《和曹雪芹〈西郊信步憩废寺〉原韵》一诗为：

君诗曾未等闲吟，破刹今游寄兴深。

碑暗定知含雨色，墙颓可见补云阴。

蝉鸣荒径遥相唤，蛩唱空厨近自寻。

寂寞西郊人到罕，有谁曳杖过烟林！

这首和诗的大意是说：先生（曹雪芹）你的那些伤感的诗篇都不是随便写出来的，就拿你今天游览这废庙而写的诗来说，里面就饱含了你对于社会人生的寄托啊！寺庙里那块潮湿的石碑，似乎在预示着山雨马上就要来临，而破败的墙壁已经被毁坏掉了，只有靠这浓浓的乌云来填补缺口。秋蝉的鸣声轻荡在荒山野林间，空寂无人的厨房中不时传来蟋蟀的叫声。这片人迹罕至的偏僻西郊啊，有谁会像我们俩人一样，拖着拐杖，穿过云雾迷漫的树林，不怕险阻，跋山涉水地来这里啊？

可见，这首诗不仅反映了皇城西郊古寺的破败景象，隐约还流露出对"乾隆盛世"的讽刺。

（三）

在广泉寺附近，还有一座望花山娘娘庙。据说，这个娘娘庙十分灵验，许多很远地方的人都会来到这里，在娘娘面前烧香叩拜，希望得到娘娘的庇佑，并能到他们家里给他们送去一个孩子。

后来不知什么时候，这座娘娘庙里又多了一个小尼姑，长得格外灵秀，主持很疼爱她，认为是她的缘故，娘娘庙才得以香火兴旺，所以就将她的法号取为"庙吁"。

据当地人传说，这个小尼姑庙吁"不喝乡间水，专饮玉流泉"，也就是喝靠近山顶的泉水；"不食乡间粟，专食燕山粟"，也就是要吃后面燕山上的稻谷。

而且，这个小尼姑还性情孤僻，不愿理睬普通人，每逢庙会时都是安静地打坐在一旁唱经念佛，活似观音菩萨下凡一样。

曹雪芹来这里游玩时，遇到过这位小尼姑，对其印象特别深刻，所以他的《红楼梦》中人物妙玉，其原型就是这小尼姑，取名妙玉是"庙吁"的谐音。

《红楼梦》中的妙玉是一位"心性高洁""气质如兰"的少女，就连混世魔王贾宝玉见了她，都不敢造次，既想跟她亲近，又对她敬畏三分。妙玉这个遁入空门的女子，冷清孤寂地伴随着木鱼、经卷，希望能在青灯照壁、冷雨敲窗的佛门圣地免受凌辱，消除烦恼，不想却养成了冷漠的性情、孤僻的性格。

她善于作诗，却极少作诗；妙解音律，却从不抚弦；喜爱春光，却深居浅出；向往爱情，却又禁锢自己。这也正印证了曹雪芹对她的判词：

> 欲洁何曾洁？云空未必空。
>
> 可怜金玉质，深陷沼泥中。

——《红楼梦》第五回

在与张宜泉交往过程中，曹雪芹也深切地体会到了张宜泉对自己的友情。为了答谢张宜泉，曹雪芹答应赠予他一幅画，以表达两个人深厚的情谊。

张宜泉一听，自然是十分高兴。但是，这张宜泉是个急性子，此后每次见到曹雪芹，他都催促道：

"你上次答应送给我的画，画好了没有啊？我一定要把它好好装裱一下，挂在我家中的客厅里。"

而每次被催促，曹雪芹都笑着说：

"不急，不急。我拿出去卖的画都是胡乱涂一下，送给先生的画，当然要用心才行，等到明年就自然会画好了。"

张宜泉不知道，曹雪芹是在等待两样重要的东西——萤火虫和槐花。他要送给张宜泉一幅《平湖秋月图》，其中需要这两件东西作材料，这样才能达到描绘月夜的效果。曹雪芹想等到中秋时，送给这位知己一份惊喜。

转眼第二年的秋天就来了，时间也很快就到了中秋。一天傍晚，曹雪芹来到张宜泉家中，手里拿着一卷装裱好的画轴，高兴地对张宜泉说：

"这是我去年答应送给你的画,现在终于完成了,我已经替你装裱好了。"

张宜泉非常高兴,忙从曹雪芹手中接过画打开来看。可是一看,张宜泉愣住了,眼前的画卷上一片灰暗,什么都没有,根本看不出任何明堂来。但他当时又不好说什么,只是礼貌地将画挂在客厅里。

等张宜泉送走曹雪芹回到客厅时,不禁大吃一惊,连忙叫来家人问道:

"今天已经是八月十五了吗?"

家人回道:

"老爷,今天才刚刚八月初九。"

张宜泉睁大眼睛,看着厅堂中的画卷说:

"可你们看,这不分明就是一轮明月吗?还有那月光下阔远的潮水?"

原来,呈现在张宜泉眼前的就是曹雪芹所画的《平湖秋月图》,只见一轮明月冉冉升起,广阔的天空下是一望无际的湖水,湖面还闪耀着淡淡的月光,湖岸上还有万家灯火,湖面上是点点渔帆。

坐在家中看着这幅画卷,张宜泉仿佛自己已经亲自到了湖边一样,看着那月光下广阔的湖面,对面仿佛吹来阵阵轻风,令人心旷神怡……

这时,张宜泉才体会到曹雪芹的良苦用心,也不禁为曹雪芹的天才创意深深折服。从此,曹雪芹赠送的这幅画就成了张宜泉的传家之宝,平时他都珍藏在书柜之中,只有到了中秋之时,才拿出来悬挂在厅堂里。

第十四章 风筝故事

若说没奇缘，今生偏又遇着他；若说有奇缘，如何心事终虚话。

——（清）曹雪芹

（一）

曹雪芹还是个扎风筝的好手，偶尔闲暇时，他就从西山上砍下一些竹子，坐在门前的小院子里，制作各种各样的风筝给儿子玩耍。儿子也十分喜欢父亲做的风筝，经常拿着风筝在玩伴们面前炫耀。每当曹雪芹看着儿子在院子里拿着风筝高兴地跑来跑去，浓浓的父爱总会涌上心头，甚至觉得此刻京郊的阳光都格外温暖。

曹雪芹不仅给儿子扎风筝玩，还将这门手艺传授给附近的乡亲们，让他们不仅增添了生活的乐趣，还可以用此来养家糊口。

大约在乾隆十九年（1754）严冬岁末的一天，北风呼啸，大雪纷飞，天气格外寒冷。年关将近，一些达官贵人、富商巨贾家中杀鸡宰鹅，张灯结彩，忙着准备过年的福礼，很有一些天地增福人增寿的喜庆气氛。

然而曹雪芹一家却冷锅冷灶，守着三间破旧的空房，瑟瑟地蜷缩在一张绳床上。儿子在一旁不断地喊着：

"母亲，我饿……"

曹雪芹虽然前几日卖画得来了几串铜钱，并从集市上换回两斗玉米，十斤麦粉，但那都是安排过年的用度啊！

他实在看不得儿子饥饿啼哭的样子，便吩咐妻子说：

"去，给他擀一碗汤面吧，小孩子不禁饿，肚里无食，天又这么寒冷，会生病的。"

妻子看看儿子，回头又看看曹雪芹，叹了口气，转身低头默默地走向灶台。

不一会儿，灶膛里便腾起火苗，空气中也弥漫出一种蒿草的烟味，令人觉得身上好像也平添了一些暖意。

就在这时，大门外忽然传来"咚咚"的响声。曹雪芹仔细一听，又听见一声有气无力的颤音：

"芹圃，芹圃——"

曹雪芹忙用手卷起纸窗的一处活动帘，循着声音向外张望，这才看清外面来了一个肋下挂着双拐的中年汉子，头发蓬乱，衣衫褴褛，简直就像个乞丐。

曹雪芹赶紧披上一件薄衫，推门迎了出去，十分动情地向来人喊道：

"叔度，当心路滑，我来扶你！"

来的这个人是曹雪芹的一个老朋友，名叫于景廉，字叔度。于叔度本来也是江宁人氏，早年住在金陵时就与曹雪芹相识。于叔度青年时从过军，不幸在征战中受了重伤，失去了一条右腿。病残无依，流落异乡，眼下也来到了京郊。

一个残疾人，家中儿女又多，要养活一家老小，日子自然过得十分艰难。幸而他早年学过丹青，擅长绘画，虽然画得不怎么好，但摆在天桥的地摊上有时也能换回几文钱糊口。

可是，近年来年景不佳，人们普遍都感到了生活的拮据，谁还有闲钱买字画来欣赏呢？如此一来，于叔度的生活便陷入窘境，家中已经一连几天揭不开锅了。万般无奈之下，他才冒雪找好友曹雪芹求助。

曹雪芹一见昔日的老朋友竟沦落到如此地步，心中不免升腾起一股怜悯与悲愤的情绪。于叔度因征战致残，也算是对国家有过功勋的人，可如今却落得这样窘困，这世道是多么不公平啊！

（二）

曹雪芹忙将于叔度扶进屋里，帮他掸去身上的雪花。这时，妻子正好端着一碗热腾腾的汤面进屋，曹雪芹一看，忙抢先一步接过妻子手中的汤面，递给于叔度说：

"叔度，快把这汤面吃了，热乎热乎身子。"

于叔度也是饿坏了，接过汤面便吃了起来，一边吃一边向曹雪芹诉说。原来，他是因为年关难过，万不得已，才找到曹雪芹来想想办法的。

尽管此时曹雪芹的日子也是捉襟见肘，吃了上顿没下顿，但他生性豪爽，看重友情，只要自己有一口饭吃，也要分半口给朋友。因此，他指了指立在一旁的布口袋说：

"我这里还有两斗老玉米，你先拿去，也够吃上几天的。对了，还有几斤麦粉，你也带回去，过年给孩子包顿饺子。"

于叔度感激地拉着曹雪芹的手，半天没说出话来。他知道，曹雪芹的日子过得也很紧巴，弄来这两斗玉米和几斤麦粉不定费了多少艰难呢！

曹雪芹看出了于叔度的心思，便宽解他说：

"不要紧，我再想想其他办法。朋友有求，本来就应该倾囊相助，可这些年我也是一年不如一年。我看，我还是应该想个办法，帮你谋个求生之路才行。"

两人交谈中，便说起了京城的近况，于叔度愤愤地说：

"咱们这些本分人家，穷得都揭不开锅了，可我听说某王府的一位贵公子，为购买一只风筝，一掷就是数十辆银子。唉，若是有这一半的银两，也够我们这些人家一年半载的生活用度了。"

曹雪芹听了这番话，忽然觉得眼前一亮。他站起来，兴奋地说：

"我这里刚好就有扎制风筝的竹骨与纸张，于兄，我帮你扎几只时新样式的风筝，你不妨带到城里，到小市上去试卖一下。"

曹雪芹心灵手巧，又会画画。他说干就干，剔竹、裁纸、裱糊、绘画，用了两天一夜的时间，便做好了四只分别绘有鹰、燕、鱼、蟹的大风筝，形象逼真，栩栩如生。他还从邻居家借来一头毛驴，帮于叔度把玉米、风筝等物品放在毛驴背上，让于叔度骑着毛驴回城去了。

五六天后，就是大年除夕了。这天中午，于叔度兴冲冲地来到曹雪芹家中，酒肉鲜蔬，满载驴背。原来，他把风筝带到城里的集市上刚摆好，就围上很多人过来观看。几位纨绔子弟见这风筝又大又漂亮，都争相购买，结果把价钱抬了上去，四只风筝竟然卖了30两银子！

从此以后，于叔度便让曹雪芹传授他扎糊风筝的技艺，养家糊口，结果生意兴隆，后来还在宣武门外菜市口租下一间门面，专门扎售风筝，很有些名气，人们都热情地称呼他为"风筝于"。

后来，在于叔度的多次催促之下，曹雪芹用了近两年的时间，"谱定新样，旁搜远绍"，编写了《南鹞北鸢考工志》一书，其中有各式风筝的彩图，有用浅近的近似于顺口溜的韵文形式编写的扎、绘风筝的歌诀，便于人们阅读学习。

此后，曹雪芹还陆续整理编写出了有关治印、脱胎、织补、印染、雕刻、烹调等各种技艺的原理与制作方法的通俗文字，总名为《废艺斋集稿》，流传至今。作者在书中还明确声言：此书系为废疾而无告的穷民们撰写的。

（三）

关于曹雪芹与风筝的故事，至今在北京西郊一带还流传着一些动人的传说。据说在乾隆十九年时，正黄旗旗试，考放风筝。原来，这年春天京西一带闹蝗灾，飞舞的蝗虫铺天盖地，根本无法消灭，眼看长得绿油油的庄稼，转眼间就整片整片地被蝗虫吃掉了。

有一次，不知是谁糊了一只纸鸢风筝，把它放到天空，结果把这些蝗虫都吓跑了，效果很好。旗兵老爷一见，立即命令家家糊风筝驱蝗虫，并且悬赏说：

"谁能把这些蝗虫驱走了，他的儿子就可以破格做官，另外还重重有赏。"

一听到这个消息，乡里的百姓都纷纷扎在风筝来，并都希望自己的风筝能够得到官府的赏赐。

正黄旗有个孤寡老人，身边只有一个9岁的小孙子。老人的儿子几年前被迫去当兵征南，结果战死在异乡；儿媳含恨上吊自尽，可怜只留下这祖孙二人相依为命。现如今家家都在扎风筝交差，这让老人犯了难。

幸喜这老人认识曹雪芹。平时老人一家遇到危难时，只要曹雪芹知道，都会主动过去帮忙。现在，老人也只好去求助曹雪芹了。

老人带着小孙子来到曹雪芹家，曹雪芹一见老人，便猜出了老人的来意，因此满口应承说：

"老人家，您放心，当年在南方时，我就知道可以用放风筝的方法治理蝗虫。您回去准备线吧，越结实越长越好，我这里有现成的滑线车子，一定帮您扎一个最好的风筝。"

老人见曹雪芹答应帮自己扎风筝，高兴地回家去准备线了。

几天后，风筝刚刚做好，铺天盖地的蝗虫便飞来了。全乡的人都跑出来，敲锣打鼓的，希望能吓走蝗虫。都统老爷也亲自出来，焚香磕头，并命令大家都把扎好的风筝拿出来，准备放风筝驱赶蝗虫。

一时间，各种各样的风筝都拿了出来，有的是"蜈蚣"，有的是"蝴蝶"，有的是"老鹰"，还有什么降妖的"钟馗""法海"等，形形色色，五花八门。

这时，老人也在曹雪芹的陪同下赶来了，小孙子手里牵着一只奇怪的风筝，当时众人见了都哈哈大笑。原来，他们做的是一只二尺长、口径一尺五的大圆筒，圆筒的外面用各种颜料画着许多花草和菜蔬，色彩十分艳丽，看着就像真的一样。

只听都统大人一声令下，大家纷纷将自己手中的风筝放了出去，可不少风筝都是刚刚升上去就掉下来了。而曹雪芹扎的那只奇怪的风筝却在一根轴线的牵引下凌空而起，仿佛长有一双锐利的眼睛一般，径直钻进天空中的蝗群里。

这时，曹雪芹又命令身边老人的小孙子道：

"快，快往上套草圈。"

小孙子快速地把随风筝一同带来的用羊胡了草编成的草圈套在风筝线上，曹雪芹一拉一放地抖动着线绳，草圈很快就悠悠地飞了上去，不一会儿就钻到了风筝筒里。

原来，这羊胡子草就像是钓鱼的诱饵一样，蝗群追逐着草圈，一窝蜂地朝风筝筒里钻。眼看风筝越来越沉，曹雪芹便就势收线，风筝迅速落了下来。

曹雪芹早就让老人准备好了一堆干柴，等风筝筒落下后，那满满一筒子蝗虫也噼里啪啦地掉在那堆干柴上。老人见状，忙点燃干柴，只听那蝗虫被大火烧得劈啪作响，立刻就散发出一股难闻的焦糊味儿。

乡人们见曹雪芹这只风筝捕捉蝗虫的办法还真灵，个个拍手称快，称赞曹雪芹救了一方人的性命，并纷纷过来向曹雪芹询问制作风筝的方法。曹雪芹也高兴地把制作的秘诀一五一十地告诉大家，众人纷纷效仿，制作了很多这样的风筝，捕杀了大量的蝗虫，减轻了当地的灾害。

第十五章　治病救人

机关算尽太聪明，反误了卿卿性命。

——（清）曹雪芹

（一）

曹雪芹贫居山村，日子过得日见艰难，但也决不向富家人去求告。相反，他从内心鄙视那些有权有势的人，因为他自己就是从富贵坠入困顿之中的，从而也彻底看清了世人的真面目。

倒是那些穷苦的百姓，给他以真诚的帮助与同情。同样，他也将自己的一颗博爱之心、他的知识与才干，完全给予了那些善良的、生活困苦的人们。

曹雪芹很有才学，不仅著有《废艺斋集稿》这类传授各种技艺的书，还懂得一些医术，并以他的医术免费为乡村里那些穷苦无依的人看病。至今，在香山一带还流传着不少这样的故事。其中，为一位患了白内障的老太太治愈眼疾，就是一件很为时人称道的事。

曹雪芹的朋友敦敏在《瓶湖懋斋记盛》一文中，记下了这则故事。

有一年的秋天，敦敏前往北京西郊探望曹雪芹，可惜曹雪芹外出不在，未能见面。敦敏正在惆怅着准备回去时，却在曹雪芹居住的小院落外遇到了一位姓白的老太太。

白老太太向敦敏介绍说，她是曹雪芹的邻居，有什么事可以告诉她，等曹雪芹回来，她代为转告，并且还拿出纸笔让敦敏留言。

敦敏深为老人的热情所感动，不由便问起了她的身世。这一问不要紧，老太太折起衣襟，擦了擦昏花的老眼，哭了起来，并且激动地讲述了曹雪芹为她治好眼疾，并将她接过来同住的经过。

原来，这白老太太个人遭遇很是不幸，年轻时生下儿子刚一年多，丈夫就死了。夫家本来就贫寒，丈夫死后也没留下什么产业，孤儿寡母，相依为命，她只好靠给有钱人家做零工，挣得几个钱艰难度日。

不幸的是，儿子在20岁时又染上了疫病，没钱医治，不久也死了。儿子一死，老人人生中仅存的一点希望也破灭了，世道几乎逼得她没了活路，她只好又孤身一人去一个大户人家做佣工。

由于想念儿子，老人经常恸哭，天长日久，终于哭瞎了眼睛。主人见这个瞎婆子再也不能干活了，竟然狠心辞退了她。可怜老人无家可归，只好拄着一根竹竿，艰难地摸索着，来到北京西郊她的一个外甥家暂且栖身。

也是老人幸运，碰巧有一天，曹雪芹路过老人的住处，无意中听说了老人的悲惨遭遇，十分同情和怜悯她，便让人扶出老人探问病情，认真诊看。

随后，曹雪芹安慰老人说：

"老人家，您这眼病是因忧伤过度起了白翳，这叫气瞎眼。我给您配点药试试看，每天点眼睛三次，坚持治疗一阵子，白翳消退了，眼睛就会好了。"

第二天，曹雪芹就将配好的药给老人送来了，并耐心地为她上药。经过近三个月的治疗，白老太太真的重见光明了。老人高兴得不得了，逢人便夸说曹雪芹是大好人，怜悯穷人，为人慈悲。

后来，曹雪芹还将无依无靠的老人接到自己家中，腾出一间房子，安顿老人住下。有时曹雪芹外出，就将家托付给老人照应，老人也非常高兴。

敦敏听老人说了这件事后，也深为曹雪芹的行为所感动、叹服，便此事记录到《京湖懋斋记盛》一文中。

（二）

曹雪芹以他的医术，以他的一颗博爱之心救死扶伤，尽心尽力为贫苦百姓治病的事，至今还流传着许多传说。他给人治疗跌打损伤的故事，更是流传至今。

有一次，正白旗的满洲副都统赫端乘坐轿车，由于过桥时马受了惊吓，狂奔起来，结果连人带车一同翻入蓝靛厂附近的水沟之中。

众护卫七手八脚地将赫端救上来，结果发现他的左脚脱了臼，疼得嗷嗷大叫。赶车的把式金大叔伤得更重，胯骨被车帮重重地砸了一下，当时就站不起来了。

众人赶紧将赫端抬回本旗，连夜从北京城里请来医生急治，可金大叔没钱没势，只好由自己的穷兄弟背回喂牲口的场院。

赫端的伤势并不算重，只是富贵人士都娇气得很，又喊又叫的。那时，很多医生都不愿意给当官的看病，怕治不好受怪罪，所以能躲的都躲掉了。结果，赫端的伤治疗了几天也不见好转。

金大叔伤势虽重，可也没钱请城里的医生来，只好躺在床上硬忍疼痛。穷兄弟们中有一位姓卫的大叔，知道曹雪芹会正骨，就跑到十几里外把曹雪芹请来了。

自从搬到西郊后，曹雪芹与附近的乡亲们相处得都很融洽。他为人热情真诚，人缘好，又爱帮助人，乡亲们都很敬重他。而且，他也爱跟三教九流的人交往，这金大叔、卫大叔都是曹雪芹的熟人。

曹雪芹听完卫大叔的讲述后，立即随卫大叔来到金大叔所在的场院。还没等进屋，就听见屋子里传来金大叔的呻吟声：

"哎哟，疼死我了……"

曹雪芹急忙掀开草帘子，进到屋里，也没顾上说句安慰的话，就俯在金大叔的腰腿部位摸了一遍，有的地方轻轻揉几下，有的地方用力捏了一阵子，意思是先舒展一下筋骨，以便找准伤处，准备进行正骨。

这样摸索了好一阵子，曹雪芹才松了口气，安慰道：

"金大叔，您别着急，胯骨是挫伤了，但幸运的是骨头没断，还好治。"

随后，曹雪芹让卫大叔帮他将金大叔从床上扶起来，让金大叔试着向下蹲。待金大叔下蹲到再也不能向下的当口，曹雪芹一只手紧握金大叔的一只胳膊，另一只手快速抄住金大叔的脖子，猛地将金大叔摔在场院门前的平地上。

只听金大叔"哎哟"一声大叫，不偏不倚，受伤那条腿的胯骨正好紧贴地面，就像在床上被人用力按捺了一下一样。顿时，金大叔就觉得疼痛感轻了许多。

曹雪芹一见，也长吁了一口气，说道：

"金大叔，您站起来试试看。"

金大叔先在地上伸伸腿，发现受伤的地方居然不疼了，然后一个转身，左手摁着地面，一骨碌从地上爬了起来，伸伸胳膊，踢踢腿，四肢都能活动了，这说明伤势已经没大碍了。

金大叔激动地拉着曹雪芹的手，真是不知该怎么感谢才是。他哽咽着说：

"芹圃，大叔这辈子都忘不了你的大恩大德。幸亏你治好了我的腿，要不然我残废了，我这一家老小就没法活了！"

曹雪芹忙说：

"大叔，您可别这么说。刚才那下子，一定把您摔疼了吧？您的胯骨错缝几天了，我怕一下子复不了位，所以刚才劲儿用的猛了些，让您吃苦了。"

曹雪芹给金大叔治愈摔伤的事，很快就在周围的乡村传开了，同时也传到了副都统赫端的耳中。那时，赫端的伤还没治好，城里请来的大夫也给他捏过，可他怕疼，不肯配合。大夫无奈，也都不肯治，纷纷回京城去了。

赫端听说曹雪芹治好了金大叔的伤，立刻命手下人去请曹雪芹。他认为自己是个副都统，传唤曹雪芹这样一个草民是件很容易的事，可他忘了曹雪芹的性格。曹雪芹是根本不把这些赃官恶吏放在眼中的。

去请曹雪芹的人在曹雪芹那里自然是碰了一鼻子灰，垂头丧气地回来向赫端禀报说：

"回禀大人，曹雪芹说他医术浅陋，怕治不了大人的伤。如果大人一定要让他治，那就请您自己走去，亲自求他。"

赫端一听，气得暴跳如雷，大骂道：

"好你个曹雪芹，落魄到这种地步，还敢这么嚣张！等我好了，一定把你撵出旗营！"

不过他转念又一想，好汉不吃眼前亏，眼下让他把自己的伤治愈要紧。所以，赫端只好忍气吞声，让家仆搀扶着，一瘸一拐地亲自来到曹雪芹家中求医。

曹雪芹也正想借故治一治平日里嚣张跋扈的赫端，替那些穷苦百姓出口恶气。现在见赫端被人搀着来了，便走出门去，大喝一声：

"松开他！"

仆人还没弄明白怎么回事，刚一撒手，只见曹雪芹跑过来，飞起一脚，正踹在赫端受伤的左腿上。赫端疼得"哎哟"一声摔倒在地，正要张口大骂曹雪芹，不想一伸左腿，竟然自己爬了起来。

曹雪芹见状，轻蔑地一笑，说道：

"赫老爷，尝出点滋味了吧？平日别动不动就用脚踹穷人！"

赫端明知道曹雪芹是在讥讽他，但也不好说什么，毕竟曹雪芹这一脚治好了自己的脱臼。因此，他也只好强装笑脸，说道：

"曹霑，你有这样的技艺，真应该谋个差事。不如到我的府上坐坐吧，我要好好谢谢你。"

曹雪芹望了望眼前满身沾满泥土的赫端，拱了拱手说：

"赫老爷，不必了，请回吧。"

说完，曹雪芹转身便进屋了，将赫端和几个家仆晾在了院子里。

（三）

曹雪芹博学多识，虚心好学。他所掌握的医学知识，有不少都是通过与药农交谈，亲自上山采药，收集民间验方等得来的。在封建社会里，穷乡僻壤缺医少药，即便有钱，也很难像城里人那样，随时能到药铺买到药。

曹雪芹深深体会到了乡民百姓的疾苦，所以总是自己上山采些草药回来，用心配伍炮制，制成各种有效的成药，免费送给穷苦乡人。

有一次，曹雪芹到城里去看望一位朋友，在路过一个湖边时，忽然发现前面不远处有一位面带病容的羸弱书生正的湖边徘徊，并且还不时地唉声叹气。

曹雪芹见状，刚要走过去问个究竟，只听"扑通"一声，那书生居然起身跳入湖中。显然，书生是要寻短见。

曹雪芹早年在江南居住时喜欢游泳，水性不错。见此情景，曹雪芹顾不得脱下衣服，一个猛子扎下水，一会儿工夫就将落水书生救上了岸。

待青年人的神志完全恢复后，曹雪芹问了他的身世，问他为什么要跳水寻死。青年人流着眼泪，给曹雪芹讲述了自己的遭遇。

原来，这书生名叫柳湘莲，父亲早丧，自幼与母亲相依为命。母亲历经万难供他念书，好不容易书生考上了个生员，拨来瓮山当差，不料却染上了黄病（类似于我们今天所说的黄疸病），以致体弱无力，连生活都难以自理了。由于无钱医治，又担心他人嫌弃这病传染，思前想后，书生觉得自己活在世上已毫无用处，便产生了投河寻死的想法。

曹雪芹听完书生的讲述后，忙安慰他说：

"你还这么年轻，以后的路还很长，怎么能这么想不开呢？黄病也不是什么绝症，要是你信得过我，我就给你治治。"

听曹雪芹这么一说，年轻人仿佛找到了救星一样，忙"扑通"一声跪下来，说道：

"我也是万般无奈啊！先生，只要您能治好我的病，我一定铭记您的恩德，来生做牛做马，都会报答！"

曹雪芹回家后，便开始配制治疗黄病的药物，柳湘莲每天按时来找曹雪芹取药服用。半个月很快过去了，柳湘莲原本瘦弱的身体渐渐有了好转，脸上的黄色也明显褪了下去。

曹雪芹给书生服用的，其实就是从湖里捉来的活泥鳅。黄病多因肝火所致，泥鳅性凉，活吞下去正好可以起到平肝降火的作用。

连服一个月后，柳湘莲就像变了个人一样，红光满面，身上也有了力气。从此，他与曹雪芹便成了好友。据说，这个书生后来被曹雪芹写入了《红楼梦》当中，就是那个风流倜傥，让尤三姐为之倾倒的柳相公，名字也叫柳湘莲。

曹雪芹自制过许多药物，四乡的穷苦百姓凡是来向他求医问药的，他都热情接待，悉心调治，不知救活过多少穷人的性命。大家不仅敬佩曹雪芹的艺术，更敬佩他的为人，所以至今在北京西郊一带，还流传着许多曹雪芹治病救人的传说。

《红楼梦》中的林黛玉，据说在最初的《石头记》中不叫这个名字，而是曹雪芹后来改的。曹雪芹搬到西郊后，生活十分窘迫。为了写书，他省吃俭用，可有时还是买不起纸墨。一天，他正在写书，墨用光了，这下可犯了难。正在这时，好友鄂比先生来访，就对他说，在樱桃沟里有一种黑色的石头，叫黛石，当地的女人常用它描眉，所以也叫画眉石。曹雪芹一听，当天下午就去了樱桃沟，果然找到一些黑色的石头。拿回家一试，还真能写字，只是颜色浅了点儿。于是，他就找来一些碎墨兑在一起，再一试，字迹清晰，接着便用它写起书来。自从有了"黛石"，曹雪芹再也不愁没有墨了，一有空就到樱桃沟里捡几块，然后兑点儿碎墨混合着用。因黛石给他写书提供了方便，为了记住它，他便在修改初稿时，将女主人公的名字改成了"黛玉"。在《红楼梦》的第三回中，也有关于黛石的描写。

第十六章 "脂本"红楼

满纸荒唐言，一把辛酸泪。都云作者痴，谁解其中味。

——（清）曹雪芹

（一）

　　曹雪芹搬到香山正白旗黄叶村后，还有一个经常去的地方，那就是傍山临路的一家小酒馆。虽然这里仅是个乡村小店，但来往的人倒是挺多。曹雪芹的家距离酒馆不远，他又爱喝酒，所以就成了那里的常客，与老板伙计混得都很熟。其中有个名叫马青的伙计，曹雪芹还救过他的命。

　　曹雪芹每次在这里喝酒，都会听来往的客人讲一些南来北往的故事，有时兴致来了，都会与他们互相交流，往往听到感兴趣的，还会写入自己的小说当中。

　　有一次，曹雪芹在酒馆中听一位喝茶的老人讲了一个柳阿姑大闹关家花园的故事。老人越说越起劲，在一旁听得津津有味的曹雪芹却突然站起身往家跑。

　　原来，他听老人讲故事时，忽然想到《红楼梦》中的尤三姐，觉得柳阿姑的人品、性情都十分像她，于是急着赶回去，将老人说的这段故事写入小说当中，将尤三姐的形象按照故事中柳阿姑的样子再修改一遍。这样一来，也就有了后来《红楼梦》第六十五回中"贾二舍偷娶尤二姨，尤三姐思嫁柳二郎"的情节。

还有一个"空空道人"的故事，也是曹雪芹从这个酒馆听到的。据说在清朝乾隆年间，有一位行踪不定的老道人，经常在京城西边的香山一带流浪。由于经常挨饿，肚内空空，所以他便自称为"空空道人"。

这位空空道人能写得一手好字，而且在外面从不留真名，只是留下一个外号叫"痴道人"。

有一年，刚刚盖好的实胜寺后建了一个纪功碑亭。一天夜里，空空道人趁着夜色朦胧进入亭中，在南墙上数尺高处题诗一首：

> 古往今来俱是空，纷纷攘攘绞何情。
> 实胜乾隆今安在，图意石碑立此亭。
>
> ——空空道人题

这首诗保留了很长时间，也成为实胜寺中的一个著名景观。

此外，空空道人还自己编制了一首"太平歌词"，曰：

> 金元宝，银元宝，天下金钱何处找？恨聚无多，待到多时眼闭了。
> 宝玉好？宝榻好？宝玉不如宝榻好。宝玉揽来灾和祸，宝榻高卧成佛了。
> 成家好？出家好？成家神仙哪去找？佛光普照千万家，家家都说神仙好。
> 乌纱好？袈裟好？乌纱哪有袈裟好，清白官宦古来稀，阿弥陀佛真不少。

这些歌词当时都被当成顺口溜广泛流传。曹雪芹在酒馆听到后，一下子就被深深地吸引住了，并且赶紧拿出纸笔记录下来。后来，《红楼梦》中便有了那段著名的《好了歌》：

可巧这日拄了拐杖挣挫到街前散散心时，忽见那边来了一个跛足道人，疯癫落脱，麻屣鹑衣，口内念着几句言词，道是：

世人都晓神仙好，惟有功名忘不了！
古今将相在何方？荒冢一堆草没了。
世人都晓神仙好，只有金银忘不了！
终朝只恨聚无多，及到多时眼闭了。
世人都晓神仙好，只有姣妻忘不了！
君生日日说恩情，君死又随人去了。
世人都晓神仙好，只有儿孙忘不了！
痴心父母古来多，孝顺儿孙谁见了？

士隐听了，便迎上来道："你满口说些什么？只听见些'好'、'了'、'好'、'了'。"那道人笑道："你若果听见'好'、'了'二字，还算你明白。可知世上万般，好便是了，了便是好。若不了，便不好，若要好，须是了。我这歌儿，便名《好了歌》。"

——《红楼梦》第一回

（二）

曹雪芹最初在写《红楼梦》时，可能只是想将自己家族的经历写下来，好让后辈能够记住家族的兴衰，也记下自己的放浪与落魄，让后辈能以此警醒，从中受到教育和启发。

但是，随着生活的愈发困苦，处境愈发艰难，曹雪芹对于人世间的冷暖无情、变幻无常有了更为深刻的体会，所以在写作过程中也多次删改，每删改一次，都会将自己对人生认识与感悟更多地注入小说之中。

因此可以说，《红楼梦》的写作，已经成为曹雪芹后半生的精神寄托，成为他生命之中不可或缺的一部分。如此一来，作为小说文本的意义反而变得不那么重要了，而是他心灵的自我关照与守护。

为了完成这部书稿，曹雪芹"十年披阅，五次删改"，真可谓是"字字看来皆是血，十年辛苦不寻常"啊！

功夫不负有心人，到乾隆十九年（1754）前后，曹雪芹基本上完成了《红楼梦》的书稿，并且已经出现了一种"抄阅再评"的稿本。他多年的呕心沥血，终于得到了初步的圆满。

在曹雪芹整个对《红楼梦》披阅修改的过程中，有一个人十分重要，她几乎陪伴了《红楼梦》的整个成书过程，是曹雪芹写作《红楼梦》的直接目击者。

这个人就是脂砚斋。这个用朱红色的笔细细批点《红楼梦》的女性，对于曹雪芹写作过程中的许多细节都十分熟悉，而且对于《红楼梦》的故事也了如指掌，同时也最能理解曹雪芹在书中所要表达出来的情感。从某种程度上来说，她应该是曹雪芹写作过程中的红颜知己。

在《红楼梦》一书中，也可以找到脂砚斋的影子，那就是贾宝玉的表妹史湘云。史湘云身怀诗情画意，才思敏捷，生活中却性格开朗，大大咧咧，喜欢身着男装，大声说笑，不拘小节，尤其说话时有喜欢"咬舌头"的习惯，称呼贾宝玉时将"二哥哥"说成"爱哥哥"，为此还经常招来大家的哄笑……

史湘云是金陵四大家族之一史家的后代，也是贾府的老祖宗贾母的孙侄女。由于她"襁褓之间父母违"，即在婴儿的时候就失去了父母，所以一直受到贾母的怜爱，从小就经常与贾府来往，与贾宝玉一起度过天真烂漫的童年，可谓是青梅竹马，两小无猜。

随着年龄的增长，加上史湘云身上佩戴了一只金麒麟，与贾宝玉身上的那只金麒麟正好一雌一雄，成双配对——脂砚斋在评点《红楼梦》时也说，这是曹雪芹暗示的一对"金玉良缘"。

由此也可以看出，脂砚斋与曹雪芹的关系非同一般，或在现实中有许多无法表达的东西，曹雪芹只好借助《红楼梦》来隐约暗示，其间的悲酸无奈、相知相怜，都在史湘云这个人物的身上体现出来。

然而，这位在小说中活泼可爱、大方爽直的姑娘，在现实中却是个苦命心酸之人。脂砚斋，这位与曹雪芹关系亲密的女性，是一位极其不幸的女子，年幼时曾被变卖为奴，成年后被内务府指派给某家的男仆为妻。可婚后不久，脂砚斋的丈夫就病逝了，只剩下她一个人孤苦度日。

一次偶然的机会，曹雪芹的一位朋友遇到了脂砚斋，从她的讲述中得知她与曹家有一些亲戚关系，于是将她带到曹雪芹家中，两人才得以重逢，并相知相惜地度过了剩下的岁月。

（三）

脂砚斋在与曹雪芹重逢后，两人除了叙旧感怀之外，他们的共同兴趣便逐渐集中到曹雪芹正在写作的书稿《红楼梦》上了。当脂砚斋第一次读到曹雪芹的书稿时，真是"哭一回，笑一回"，流露出万分的激动与赞叹。

与此同时，脂砚斋也坚定了要帮助曹雪芹完成书稿的决心，对于书稿中很多比喻、隐讳的地方，她也及时给予曹雪芹提醒。在当时大兴文字狱之际，她可不希望曹雪芹因为书稿的事而再次遭到什么不测，真是从内心深处理解曹雪芹，并时刻想着为曹雪芹分忧解愁。

脂砚斋帮助曹雪芹修改《红楼梦》过程中，不仅对内容细细批点，还做了很多其他的事，可以说涉及写作、整理、鉴赏、传播的全过程，为《红楼梦》的创作与完成付出了巨大的心血。

例如，正是脂砚斋帮曹雪芹定下书稿《石头记》这个名字。在"再评"时，在《红楼梦》小说众多不同的名字中，最后决定仍旧采用《石头记》为小说的正式书名，这也得到了曹雪芹的同意，并将这个原因和经过写入了卷首"楔子"的部分中。事实上，乾隆时期最初流传的抄本《红楼梦》，名字就是《脂砚斋重评石头记》。

由于当初的《红楼梦》是以手抄本形式流传的，人们在相互抄阅过程中，难免会令手抄本与原稿之间出现差错。对此，脂砚斋对抄本进行了一一校正，如庚辰本第七十五回的前面，就记有"乾隆二十一年五月初七日对清"这样的字样，表明这是经过她认真校对的。

脂砚斋还对《红楼梦》全书作了批语。从曹雪芹将初稿写成后，她就开始作批语，直到曹雪芹去世后，她还是每隔两三年就温故而批注一次，一共批注了八九次之多。在这些批语中，她对曹雪芹的创作心理、概括形式、艺术技巧等，都进行了细致的分析。

不过，这些还仅仅是脂砚斋修改评点《红楼梦》的很小一部分，她几乎将她全部的余生都奉献给了《红楼梦》。可以说，脂砚斋是曹雪芹完成这部流传千古的世界名著最重要的支持者。

乾隆二十四年（1759）秋冬之际，曹雪芹与脂砚斋的生活中发生了一次前所未有的变化：二人远离了，曹雪芹要到江南去。不过，曹雪芹离开之后，脂砚斋并没有放弃对《红楼梦》的评点删改，而是独自完成书稿的评点工作。虽然曹雪芹的离开让她倍感孤单力薄，但她还是以很大的毅力，开始了第四次整抄《红楼梦》的工作，并且从这次为始，在她那朱色的批语字迹中，出现了年月记录和署名的创例。

在这次工作中，脂砚斋连带也整理了她历年写下的批语，有的删省了，有的在文字上作了细小的润色；有些旧年的批语，她也在修改后附记了年月与署名。

在一个个寒冷而难熬的夜晚，脂砚斋都在埋头抄录着，自己也仿佛进入到了那如梦似幻的大观园中。尤其是史湘云的每一次出现，都引起她无限的遐想和叹息。曹雪芹按照脂砚斋的意愿，对这个活泼开朗的姑娘进行了很多修改，而脂砚斋也在史湘云的身上找到了自己当年的身影。

第十七章　秦淮寻梦

身后有余忘缩手，眼前无路想回头。

————（清）曹雪芹

（一）

乾隆二十四年（1759），曹雪芹乘船前往江南。滚滚奔腾的长江，日夜不停地奔流而下，最后汇入一望无边的大海。宽阔的江面上，大小帆船在寒风中艰难地行进，南来北往的人们，或为生计而奔波，或为前程而远行，人们怀着各自的不同目的，行走在江湖之间。

一天，在长江北岸的一个渡口，出现了曹雪芹的身影。对面就是阔别多年的江南了，眼望着水雾笼罩的江南，曹雪芹不禁感慨万千。

在他13岁那年，也是经过这个渡口，曹雪芹一家从南京的织造府被遣北归，远迁京城。如今30多年过去了，当年一家人惶惶不安、哭泣不止的情景犹在眼前。那时，年少的曹雪芹依偎在祖母身边，吓得瑟瑟发抖。现今，疼爱他的老祖母、父母亲，以及当年匆匆北上的家人等，都已离他远去了，人世间的变化真是转瞬即逝。

不巧，这一年的冬天来得早，一场风雪冻封了江，渡船停摆了。曹雪芹正感无计可施，岸边一家李姓老人见他面有徘徊愁闷之色，便热情地请他到家中暂息。

老人一家对曹雪芹热情慷慨，给曹雪芹煮来热腾腾的姜汤御寒，还将自己孩子的小屋子腾出来给曹雪芹住，让曹雪芹十分感动。

老人是个很健谈的人，与曹雪芹说起许多以前康熙帝下江南时的风光事。他哪里知道，眼前这位皮肤黝黑的男子，就是当年曾负责接待康熙帝的曹家的后代。

曹雪芹在一旁默默地听着老人的讲述，有时也跟老人讲讲京城的事，将一些官吏如何发迹又如何被抄家，京城庙会有哪些杂耍玩意儿，老人也听得津津有味。

就这样，曹雪芹在老人家逗留了两三日。不久，天气放晴，江面上也平静了许多，曹雪芹准备动身渡江到江南去了，与老人彼此依依不舍。

曹雪芹问老人，家中可有纸笔？他想给老人画一幅画留作纪念。老人高兴地捧出文房四宝，曹雪芹挽袖提笔，不一会儿，一幅《天官图》便跃然纸上，画中人物栩栩如生，宛若天上的神仙一般。

老人惊呆了，半响才说：

"我见先生风骨不凡，定非俗士——果然是位大才！"

曹雪芹笑着说：

"我只是一介穷困流浪的不孝子弟，没有可以报谢的。我画下这幅《天官图》送与老人家，希望能给老人家赐福吧。"

老人连忙称谢。随后，老人帮曹雪芹找到一家船夫，目送曹雪芹登船远去，渐渐消逝在茫茫的江面之上。而那幅画，据镇江的李氏后人说，一直保存到很近的年代，都还悬挂在家族的祠堂中。

（二）

曹雪芹此次重回江南，回到故居南京城，主要是因为在一个朋友的介绍下，当时的两江总督尹继善很赏识他的才华，所以重礼前往京城聘请他来总督府担任西宾。

曹雪芹早年在富良府曾有一段当西宾的经历,这也让他对幕僚的生活比较失望。但这一次,曹雪芹却很爽快地答应了尹继善的聘请,从京城启程,沿当年北迁的路线直下江南。之所以如此,是因为曹雪芹仿佛觉得有一种强烈的欲望在驱使着他要来南京一次。从自己的内心来说,来总督府担任幕僚是假,因为总督府的对面就是以前的江南织造署——曹府。曹雪芹的内心深处还是想故地重游,回到自己幼年时生活的地方看一看。

这位尹继善是雍正、乾隆两朝时期最有声望、最得民心的地方官员之一。尹继善也是满洲人,本姓章佳氏,属于镶黄旗人,其父尹泰也是大学士头衔,所以当时的文人都称他们父子为"两世平津"。尹继善的一个女儿还嫁给了乾隆帝的第八位皇子永璇,家门也因此显赫一时。

尹继善是雍正元年的进士,为人很有才干,且性情宽和,不久便被升任封疆要职,那时他才不过30来岁。

雍正帝当年对吏治整治得很厉害,但尹继善在任期间,并不随波逐流。有一次,雍正帝对尹继善讲解为官之道,希望他能效法李卫、田文镜和鄂尔泰三人。这三个人当时是雍正帝最宠信的官员,一时春风得意,炙手可热。

但尹继善的回答却毫无谄媚之意,他说:

"李卫,臣学其勇,不学其粗;田文镜,臣学其勤,不学其刻;鄂尔泰,宜学处多,然臣不学其愎。"

尹继善以精辟、深刻的知人卓见,效仿当年刘备评价曹操的言论,对这三位宠臣进行了巧妙的批评。这也显示出他有胆有识、对应得体的辩才,就连雍正帝对他的回答都不得不点头称许。

像尹继善这样的人,在官场上难免要"逆水行舟",但因他处世机敏,一次次总能绕过险滩,所以还算官运平顺。雍正六年(1728),尹继善又被授予内阁侍读学士,协理江南河务,不久又调任江苏巡抚。

雍正九年(1731),尹继善又升任两江总督。此后近30年的时间里，他曾四督两江，有时还兼管两淮盐政，颇有政声。

尹继善当年来到南京时，正好曹家被抄后远迁北京。尹继善的总督府衙门正好斜对着曹家生活了六七十年的织造署，尹继善自己又兼着两淮盐政的职务，与当年曹雪芹的祖父曹寅是一样的官职。来南京赴任后，尹继善很快就察觉到曹家累代在江南的影响。尤其是曹寅曾四次接驾，又在文化学术事业上有过较大的建树，对于热爱文学的尹继善来说，这也是他十分钦慕向往的。

在这种心情之下，尹继善自然也十分留意于访寻曹家的现状，特别是曹门子孙的下落，曾四处派人打听他们。

一次偶然的机会，尹继善的女婿，即乾隆的第八子永璇，给尹继善捎来了一部据说在王公贵族当中秘密流传的小说——《红楼梦》。尹继善一看到这部小说，就深爱不已。一打听作者，才知道就是曹家的后代曹雪芹。

于是，尹继善立即派人前往京城去寻访这位流落京郊的才子，并要聘请他来江南总督府担任西宾之职。

（三）

曹雪芹来到南京总督府后，便在衙役的带领下进入尹继善的府中。尹继善亲自到大厅迎接曹雪芹。对于这位早有耳闻的奇人，尹继善是十分期待的，如今终于得以一见，尹继善自然十分高兴。

只见眼前的曹雪芹一身长袍，长辫垂后，圆脸宽额，目光炯炯，肤色黝黑。尹继善见他神态自若，心中不禁暗暗称许。

众人一同来到大厅坐下后，尹继善便向身边的官员、随从及家人介绍说：

"这位就是京城来的曹先生，总督府新聘请的师爷，以后要与大家一同共事。"

曹雪芹忙站起身来，谦虚地说：

"以后还望大家多多关照。"

尹继善忙请曹雪芹坐下，接着又说：

"从今以后府中上下，无论是奏章、信札，还是诗文之类的事情，大家都可以请教曹师爷。"

在座的大小官员一听，都很惊讶，不知这位京城来的曹师爷是什么来头，有什么能耐，竟然能事事精通，深得总督大人的信赖和赞赏。

不过，这些官员很快就发现了曹雪芹的出色才华。曹雪芹能诗善文，琴棋书画无不通晓，故而也深得尹继善的厚爱。

然而，曹雪芹虽然才华超众，却狂放傲物，易为人知，也易为人妒。官场上那套逢人恭维的做法，他看不惯，也学不来。知己敦敏曾称赞他"可知野鹤在鸡群"，这也正说明了曹雪芹的超众脱俗，倜傥不群。一个怀抱"野鹤""闲云"之心的人，自然是难以适应官场那种环境的。

尹继善虽然有爱才之心，但曹雪芹的高谈雄辩，放言无忌，也难免时时会有所触忤。因此，尹继善也渐渐有了不满之意。

恰在这时，曹雪芹所写的《红楼梦》传入皇室，竟被乾隆帝发现了。原来，尹继善的那位女婿，即乾隆帝的第八子永璇，年少时就不守礼法，是让乾隆帝最伤脑筋的儿子之一。乾隆二十五年（1760）春，乾隆帝刚从江南巡游回来，便从皇宫里监管的大臣那里得知，在他南巡离京期间，有些皇子开始有所非为，甚至背离了作为皇家子弟的规矩和礼俗。

这下可惹恼了乾隆帝。想到自己平日对诸位皇子都是宽厚有加，不想自己刚刚离京数日，他们便如此不成器。为加强管教，看看这些皇子们平日里都干些什么，乾隆帝决定亲自临幸皇子们的居所，来一次彻底的清查和整治。

当他来到皇八子永璇的居所时，竟然在他的卧室里发现一本名叫

《红楼梦》的小说。乾隆一看之下，大为恼火，认为这是一部"淫词小说"，遂责问永璇小说的来源。幸亏永璇机灵聪敏，将皇叔、皇后都请出来说情，才将此事搪塞过去。

这件事很快就传到了永璇的岳父尹继善那里，尹继善紧张得要命，因为这部小说的作者曹雪芹此时就在自己府中。如果乾隆帝知道了，不知会如何惩治呢！当时"文字狱"十分盛行，稍有不慎，就可能招致杀头之祸。

如此一来，尹继善便不打算再留用曹雪芹了。因此，他以让曹雪芹出去暂避风声为由，让曹雪芹离开了总督府。

这一打击，表面上看是有些突然，但也正是曹雪芹意料之中的事情，他背上叛逆、忤逆的恶名已非一日了。于是，曹雪芹连夜收拾行装，决议北返。

此次下江南，谋事算是失败了，但曹雪芹也趁机加深了解了一下南国的社会风情，寻访了当年府内府外乃至织造作坊的一些旧人。

与此同时，短暂的幕僚生活也让曹雪芹得以亲见了官场上的种种腐败与虚伪。金陵的几个大家族的浮沉变迁，旧权贵们的没落飘零，新权贵们的洋洋得意，好像30年前被抄家的一幕一样，一直都不断地重演着。这也为曹雪芹回到京城后继续修改润饰《红楼梦》，完成后几十回的写作，积累了很多珍贵的素材。从这些层面来看，曹雪芹也算是不虚此行了。

第十八章　续娶新妇

　　绿蓑江上秋闻笛，红袖楼头夜倚栏。博得嫦娥应借问，何缘不使永团圆？

——（清）曹雪芹

（一）

　　曹雪芹在南京期间，还遇到了一位当年在江宁织造府里的"旧人"——一个与曹雪芹少年时便相识的贴身丫头，如今沦落在秦淮市井之间，青春已逝，生活无依。

　　曹雪芹秉性便同情世间的弱女子，见这女子如此情状，便心生怜悯。这女子也感念曹雪芹以前从未将她们这些女仆、丫鬟之辈的当做下人来看待的旧恩，内心对这位虽已落难，做人却仍旧堂堂正正的公子十分敬重。

　　曹雪芹的发妻已于乾隆十八年（1753）时病逝京城西郊乡村，唯留下一个男孩方儿与曹雪芹相依为命。曹雪芹半生中见过太多的人间悲凉，对生活早已看淡，但妻子的离去还是给了他很大的打击，让他的整个世界似乎都灰暗起来。

　　当时，他曾将儿子托付给知己脂砚斋，自己频繁地出入于各寺庙之中，寻求精神上的安慰。曹雪芹生活的西山一带，因独特的风水及幽

135

静的环境，历来都是北京僧众修身的首选之地。尤其是明清以来，寺观林立，所谓"北京六百寺，西山居其半"。碧云寺、法海寺、十方普觉寺、香山寺等等，皆是皇家寺庙，规模宏伟。

曹雪芹平时对佛理就有研究，喜欢到寺庙中与僧人喝茶聊天，因此，人们在寺庙内经常能看到他的身影。"寻诗人去留僧舍"，正是这种生活状态的真实写照。

不过，曹雪芹并没有真正将思想和精力放到"出世"中去，天生的个性与年幼的儿子，也不允许他长久地过这样的生活。因此在经过几个月的低潮后，他最终将自己"搬出"了寺庙。

此后，曹雪芹便带着儿子相依为命，过着清苦的日子。而现在，曹雪芹遇到故知，这真是"千里姻缘一线牵"。因此，在朋友们的好意撮合之下，曹雪芹便续娶了这位女子，偕她一同返回京城。

为了纪念这次秦淮遇故知的奇缘，曹雪芹从南曲《西厢记·佛殿奇逢》一折里"花前邂逅见芳卿"这一句中抽取两个字，给他这位续妻取名为芳卿。

近年来，在一些文物考古中发现了一对刻有"芳卿"之名，并有兰石题句的书箱，被认定是曹雪芹的遗物。书箱的正面刻着对称的两小丛幽兰，第一只书箱的兰花旁刻有一块石头，在兰石的上面还刻有一首《题芹溪处士句》的诗。诗曰：

　　并蒂花呈瑞，同心友谊真。
　　一拳顽石下，时得露华新。

"并蒂""同心"，都是新婚用语；"一拳顽石"与曹雪芹的居处环境又相吻合，曹雪芹自己平时也以顽石自命；"露华新"自然是指新婚燕尔，新娘子的自喻之词了。

在第二只书箱上，也刻有两行小字：

清香沁诗脾，花国第一芳。

这应该是曹雪芹称赞芳卿的一语双关的情语。

同时，下面还有"乾隆二十五年岁在庚辰上巳"的题款，署明他们成亲的时间是在这一年的三月初三。

这位新娘子芳卿是一位心灵手巧的女子，精于工艺美术，能自编自绘多种织锦图样。而曹雪芹能写会画，又极工巧，如今娶得这样一位聪颖贤惠的妻子，内心自然是十分欣喜。

回到北京后，曹雪芹便用这对书箱专门存放芳卿的图稿、锦样等，视若家珍。同时，他还在第二只书箱开板的背面，亲自用墨笔写下五行楷书：

> 为芳卿编织纹样所拟诀语稿本
> 为芳卿所绘彩图稿本
> 芳卿自绘编锦纹样草图稿本之一
> 芳卿自绘编锦纹样草图稿本之二
> 芳卿自绘编锦纹样草图稿本

由此也可以看出，曹雪芹曾经帮妻子绘制彩图，编写口诀等。虽然曹雪芹的生活清贫，但夫妻恩爱，贫贱相守，也算是美满了。

（二）

曹雪芹的江南之行大概用了一年多的时间，这令他在北京的好友异常想念。乾隆二十五年（1760）的初秋，一个阴雨连绵的夜里，曹雪芹的知己敦敏在家中自斟自饮，感怀往事，想起了曹雪芹，不觉已有一年多未见了，十分思念。因此，敦敏在题诗时写道：

> 短檠独对酒频倾，积闷连宵百感生。
> 近砌吟蛩侵夜语，隔邻崩雨堕垣声。
> 故交一别经年阔，往事重提如梦惊！
> 忆昨西风秋力健，看人鹏翮快云程。

这年的重阳之后不久，敦敏偶然到友人明琳的养石轩中去，忽然听到隔着一道院子有人高声谈论，那声音异常熟悉，敦敏一下子就听出是雪芹的声音，因为除了他，别人是没有这种意气风度的。

敦敏立刻跑到那边院去，果不其然，曹雪芹竟然来了！相逢之下，彼此是又惊又喜，十分意外。他们便在明琳那里摆酒快叙，同话旧事。敦敏感而成诗一篇：

> 可知野鹤在鸡群！隔院惊呼意倍殷。
> 雅识我惭褚太傅，高谈君是孟参军。
> 秦淮旧梦人犹在，燕市悲歌酒易醺。
> 忽漫相逢频把袂，年来聚散感浮云！

只要看一下敦敏的情词之切，惊喜之深，就可以知晓这一年多的离别，乃是他们这些年来一次少有的离别，也是一次非比寻常的离别。

自从在江南走了一趟后，曹雪芹的诗才画艺大有提升，名声也渐渐在京城传开了。回京后不久，皇家的如意馆便马上搜访他的踪迹，准备请他出来做官，担任紫光阁的画师。

乾隆帝在乾隆二十二年（1757）一月出发开始南巡，三月间巡至江宁。江宁的行宫，就是当年的织造府——曹家的老宅。

到乾隆二十三年（1758）九月，两江总督尹继善题奏，称天下太平，五谷丰登，官民都望幸，请皇上于次年再举南巡。这次，乾隆帝没有马上答应，而说再推一年。但到次年仍未实现，一直到乾隆二十五年（1760）才又南巡。

曹雪芹在乾隆二十五年的这次南下，正是由于江宁的尹继善要经营接驾大事，千头万绪忙不过来，且上一次办理有欠妥之处，因此有人建议，必须再请康熙年间经历过的内行人家来协助才好。

于是，就有人想到了邀请"世袭数十年江宁织造"的后人、见过"大世面"的曹雪芹，这也就促成了曹雪芹的江南之行。

这个时期，大清王朝经历了康熙、雍正两朝数十年的积累，国力殷富。于是，乾隆帝除了想搞个大型庆典外，还想搞一些纪念活动。皇宫内苑有一处建筑，名叫紫光阁，乾隆帝命人将其重新修缮，并准备依照古代凌烟阁的故事，也将一些大清王朝的功臣的画像陈设在阁中。

可是，古代凌烟阁的功臣只有十几位，而现在乾隆帝要设100位文武功臣的画像，而且四壁还要有巨幅的战场的景象。如此一来，这就成了一项十分重大的任务，需要各地方各层次去寻访技艺精湛的优秀画师前来作画。

于是，功臣之首，身为大学士、被封为公爵的傅恒与他族内明字辈的人都想到了曹雪芹，并立即派人去寻访曹雪芹。

（三）

曹雪芹早年在内务府的官学任职期间，也曾见过紫光阁。他也知道，紫光阁是一个重要的地方，与武事关系密切，上三期侍卫较射，取武进士，赐宴外藩的王公等，都是这里进行。

紫光阁位于西苑的太液池旁边。西苑就是紧邻紫禁城西华门的皇家苑圃。曹雪芹还记得，祖父曹寅的诗集中有不少诗都是写西苑的景色，那时祖父还经常半夜宿于此地。

西苑中还有一座丰泽园，就是康熙帝种育御田胭脂米的地方。康熙帝还将这胭脂米赐予曹、李两家，结果这也成为后来雍正帝追查的一大案件之一，曹雪芹将此米也写入了他的小说《红楼梦》当中。

丰泽园的西面还有春耦斋，是为皇帝学耕田而设立的地方。由此斋沿着池子的西岸往北走，就到了紫光阁。此阁建于明代，到清代时已经修葺一新。

傅恒派出人多方寻访曹雪芹后，好不容易才找到曹雪芹那所偏僻的居住之地。但曹雪芹并不想接这个差事，因此提前躲了起来，只是请村里的一位老者替他在家中待客。

来找曹雪芹的这个官差假谦虚而真倨傲地向老者说明了来意，口中称是"公爷"的美意，请曹二爷出山去宫中画像，画成之后，圣上会赏官职的，从此就可以不再受苦受穷了。

第一次曹雪芹躲了起来，所以官差并没有见到他。不久，这官差又来了，这回曹雪芹在家，并接待他进来。

听完官差再述来意和那套恩赐的话后，曹雪芹微微一笑，不以为然地说：

"我刚写好了一幅字，烦劳您抄回去，替我回禀公爷吧！"

说完，曹雪芹从柜子中取出一轴字幅，展开悬在墙上。只见上面的字风流潇洒，是一首诗，道是：

> 捐躯报国恩，未报身犹在。
> 眼底物多情，君恩或可待。

来的官差看不懂，只好抄写后带回去交给傅恒。傅恒一看，不禁大怒，大骂曹雪芹道：

　　"这个不识抬举的东西，竟敢说出这样狂妄的话来！明儿就绑了他来，让他去尝尝刑部狱的滋味！"

　　但后来可能有人帮曹雪芹说了好话，认为没必要跟他这样一个下流人计较，因此，傅恒并未真的派人来绑曹雪芹。而曹雪芹也错过了人生中最大的一次当官的机会。

　　对于曹雪芹来说，如果他肯屈就，还是有光宗耀祖的机会的。但清醒的曹雪芹早已看透了官场的黑暗与腐败，因此也丝毫没有了踏入仕途的兴趣，哪怕是过着"举家食粥酒常赊"的生活，也不愿再去蹚那趟浑水。

→ 乾隆二十七年（1762）秋末，曹雪芹从山村来北京城内探访敦敏。两人来到附近的小酒店喝酒。几杯落肚后，曹雪芹精神焕发，高谈阔论起来。酒喝完了，两人一摸口袋，囊中空空，于是敦诚解下佩刀说："这刀虽明似秋霜，可把它变卖了，还买不了一头牛种田；拿它去临阵杀敌，又没咱们的份儿，不如将它作抵押，润润我们的嗓子吧。"曹雪芹听了，连说"痛快"！之后，敦诚作了一首《佩刀质酒歌》，记下了这段偶遇。

第十九章　晚年贫微

质本洁来还洁去，不教污淖陷渠沟。

——（清）曹雪芹

（一）

曹雪芹回京的消息，很快就传到其他好朋友的耳中。敦诚、敦敏在曹雪芹南下的这段时间里，经常给曹雪芹写信，聊寄他们对曹雪芹的想念之情。因此，在听说曹雪芹已经回家后，两人赶紧置办了一些日常用品，还在他们常去的酒肆打了几坛子好酒，准备了一些菜肴，一起登上马车，匆匆来到京城西郊曹雪芹的家中。

兄弟二人来到曹雪芹居住的草屋后，发现这里比以前更加清寒简陋，不禁感到一阵凄然。曹雪芹离京的这段日子，脂砚斋一直忙于整理抄录《红楼梦》的书稿，生活更加拮据，家中能用的东西也都没有了。曹雪芹回来时，草屋可谓是"家徒四壁"，幸亏敦敏、敦诚两兄弟考虑周全，将家用的许多东西都置办好了。

来到家中后，敦敏、敦诚吩咐跟随的仆人赶快将带来的东西带到屋里，还把屋前屋后都重新收拾了一番，草屋内外顿时整洁生气了几分。

三位久别的好友围坐在桌前，畅谈起分别后的种种。对于曹府昔日的辉煌，敦氏两兄弟早有耳闻，在《红楼梦》的书稿中也看到曹雪芹是如何描绘贾府的，但终究没有亲见，有些遗憾。此次曹雪芹前往南京，能够重回老宅看望，肯定又有了许多新的见闻。

曹雪芹对于此次南下也是满腹感怀，今日见到两位好友，自然是打开了话匣子，叹诉贾府以前是如何风光与辉煌，今日却冷清得无人问津。

不知不觉天已经暗下来了，敦氏兄弟起身告别。送走了敦氏兄弟后，曹雪芹又要抓紧时间，与脂砚斋商量对《红楼梦》的再次修改。在南京时，曹雪芹的脑海中产生了许多新的想法，如对于原稿中贾府的变化和兴衰的情节，他都感到不满意；还有此番又见识了不少官僚，使得曹雪芹对官场又增加了深刻的认识，也见识到了那些混迹官场的文人的各种嘴脸。

后来，曹雪芹在书稿当中就加入了对贾府中文人们的细致刻画，如贾雨村、詹光、卜固修、单聘仁、程日兴等。这些人大都有一定的才艺，如詹光善画工笔楼台，程日兴善画美人。

这些"清客"若能潜心学问技艺，发展自己的特长，也未必不能自成一家，但他们却因种种缘由，不思进取，终日专靠"不顾羞"（卜固修）地"沾光"（詹光）、"骗人"（聘仁）生活，浑浑噩噩，想来也真是可悲。

在《红楼梦》第十七回的"大观园试才题对额"一节中，曹雪芹便运用了对比的手法，让这些文人在宝玉和贾政面前表现了一番，淋漓尽致地刻画出了他们在嘴脸。这些人也都有些才气，每每看到宝玉吟出一副对联时，不论好坏，都会夸赞一番，以讨贾政和宝玉的欢心。

> 众人听了，都赞道："是极！二世兄天分高，才情远，不似我们读腐了书的。"……有一客道："是极，是极，竟是'泻玉'二字妙。"
> ……
> 众人笑道："更妙，更妙，此处若悬匾待题，则田舍家风一洗尽

矣。立此一碣，又觉生色许多，非范石湖田家之咏不足以尽其妙。"

……

——《红楼梦》第十七回

这只是一次平常的闲游大观园，这些"清客"尚未将自己的全部才学展现出来，但从中完全可以看出，他们的才华并非体现在吟诗作赋的文采之上，而是为讨得主子欢心，极力夸赞宝玉。

曹雪芹着力描写这一场景，意在将宝玉的清高和才华与这些文人对比。对于这些城府高深、颇谙世道的文人来说，这无疑是个巨大的讽刺。

后来，贾府也不幸被抄家，这些清客见贾政等人都被削职，再也无光可沾，便一个个如鸟兽散，另寻新的主家去了。

从这些描写中，也可以体现出曹雪芹对人生社会清醒、深刻的认识，同时书稿中所赋予的内涵也更加鲜明、犀利。

（二）

从南方归来后，曹雪芹又拒绝到紫光阁当画师，日子自然也过得愈发艰难。当年初到北方时，虽然被抄了家，但终究能随身带一些财物。尤其是祖父留下的一部分书籍、字画、古玩等，从抄家余劫后散失遗落的弃物里挑拣一些带在身边，仍不失为传家的宝物。

而现在，因为日子过得惨淡，曹雪芹已经陆陆续续地拿出一些宝物到琉璃厂海王邨书肆或古玩店卖掉了。

如今，曹雪芹的手上还有一套《全唐诗》，是祖父当日在江宁织造任上监刻的保留精印本，是精选的开花纸印的，高丽纸做的磁青皮，细锦包角，精纹织锦的函套，每本都盖有曹寅的藏书图章。

祖父最喜欢和推崇唐诗，曹雪芹受祖父影响，从少年时期便嗜读如命，几乎天天都要展卷诵读，爱不释手。然而现在，因为生活所迫，曹雪芹准备将这套唐诗拿出去卖了，换些钱粮，应付一家人的吃喝生活。

妻子芳卿见状，忙拦住曹雪芹说：

"你不能拿太老爷的这些书去卖掉，要卖，就卖我从南方带来的那几幅锦样吧，换几个钱，先贴补家用。"

曹雪芹十分不舍得卖掉妻子带回来的锦样，说：

"你那几副锦样都是绝品，怎么能舍得轻易卖掉呢？"

"不碍事的，反正那个图案我都已经描画下来了，也不可惜，还是卖了吧。"芳卿坚持说。

曹雪芹终究拗不过芳卿的一片诚心，只好先将芳卿带来的几片锦样拿去卖掉了，可怜也只换回来三四两散碎银子，曹雪芹就用这钱从集市上买回些粮食勉强度日。

芳卿知道曹雪芹喜欢喝酒，便又去村里的酒肆给曹雪芹打回一瓶老酒，让曹雪芹既心酸又感动。

"满纸荒唐言，一把辛酸泪。都云作者痴，谁解其中味？"曹雪芹决定抓紧时间，将《红楼梦》的后三十回写完。这次南行，曹雪芹收获不小，亲眼目睹了人世沧桑，有意访问过的亲朋故旧，都给了他许多新的感受，也激发他进行新的思考。

为尽早完成巨著，曹雪芹废寝忘食，经常趴在桌子上不停写作。白天时间不够用，他就晚上在一豆灯光之下奋笔疾书，往往是写一阵，停下笔叹息一回。有时写到伤心动情之处，他竟会像个孩子一样，放声大哭起来，惊得芳卿赶紧过来安慰他，用手帕为他擦拭眼泪。

俗话说：远亲不如近邻。曹雪芹晚年在山村的贫居生活，多亏了一位好乡邻帮衬，那就是外号鄂三的鄂比先生。

鄂比是镶白旗人，据说他的先祖曾在外做官，不知犯了什么罪，被拔旗归营，回来居住了。鄂比姓鄂卓尔，又自称鄂苏拉氏。鄂苏拉氏是蒙语，意为大白丁。

鄂比如此自称，自然是包含着对社会的不满与牢骚。他精通文学，能写善画，且为人爽直，肯于急人之难，抱打不平，也生就了一副傲骨。

鄂比的家住在正白旗村北上坡的下面，距离曹雪芹的住处不远。他听闻曹雪芹能诗善画，为人正直豁达，便生敬慕之心，主动前往曹雪芹家中与之相交。两人秉性相投，很能谈得来，久而久之，便成了推心置腹的好朋友。

鄂比与曹雪芹二人还有许多共同的爱好，如作画、吟诗、喝酒。不过，鄂比的画不如曹雪芹的精致，他画得比较粗犷一些。但鄂比泼墨大胆，有时粗犷中也能透出些许侠气。

（三）

有一年，香山小府村的张财主聘请鄂比去给他家新盖起来的宅院画影壁。这张财主外号张瘤子，靠开设酱菜厂发了大财。一次，乾隆帝游览香山，吃到了张家酱菜厂的酱菜，夸说色味俱佳，甜脆可口，故而御赐"天义"二字。从此，张记的"天义酱菜"便出了名，成了皇宫的贡奉。

不过，这张财主却不是个善良人，平日里经常欺压村民，靠着皇帝的御赏横行霸道，周围的乡民们都敢怒而不敢言。这次，张财主请鄂比去给他画影壁，鄂比心想：你张财主虽然有几个臭钱，但我偏不伺候你们这种黑心人！因此断然拒绝了邀请。

这件事让曹雪芹知道了，便劝鄂比道：

"为什么不去呢？画笔在我们手中，听我们使唤，我们想画什么就画什么。我觉得，如果您去画了，正好可以借此机会恶心恶心他！"

两人如此这般，便商量出一个好主意。随后，鄂比满心欢喜地去了。

鄂比来到张家，张财主马上备好酒菜款待。只用了三天时间，一幅大型的影壁便在鄂比的笔下产生了。大家一看，影壁上画的是一幅青面獠牙的小鬼推磨图。

张财主一看，有些不高兴，新宅院里画个鬼，怎么说都不吉利。后来转念一想：对，我腰缠万贯，这不就是"有钱能使鬼推磨"吗？让那些穷小子们都看看，看以后谁还敢不听我的指挥！

想到这里，张财主正准备张口夸耀一番，没想到鄂比倒是先开口了：

"俗话说，'有钱能使鬼推磨'，可我画的这个小鬼，偏偏就不给张老爷推磨！不信，你们就瞪大眼睛好好瞧瞧！"

大家仔细一看才明白，原来这个小鬼只有一条腿，而且那神态画得就是"瘸腿张"。张财主这才明白过来，不由气得脸色发青，差点晕过去。而鄂比则哈哈大笑扬长而去。

喝酒也是鄂比与曹雪芹的共同爱好。此次从江南回来，曹雪芹的生活境况更不如前，有时一家人连粥都喝不上，根本没钱去买酒。但酒瘾难熬，两人便经常到附近的小酒馆里赊欠喝两盅儿。

一天，两人又来到小酒馆喝酒，可两个人的口袋都分文皆无。酒店老板犹豫了一下，便给伙计使了个眼色。伙计领会后，慢吞吞地端上来一碗酒。老板本想以此怠慢他们，不想鄂比与曹雪芹你一口、我一口，喝得十分开心。喝完一碗后，又向老板要酒，结果一口气喝了五大碗。

酒喝完后，曹雪芹便对老板说：

"掌柜的，今天的酒钱先记账吧。"

老板一愣，然后不情愿地说：

"两位前日的账还未结清呢！"

老板的意思是，这次的账不能再赊了。

已经半醉的鄂比一听，二话没说，解下曹雪芹系在腰间的白包袱皮，取出纸笔，当场挥笔画下几枝青竹。曹雪芹见状，又从鄂比手中接过笔，在画中抹了几块嶙峋怪石，然后交给老板，说了句"我们明天见吧"，随后两人扬长而去。

过了两天，鄂比与曹雪芹又从这个小酒馆经过，老板一看到二位，立刻眉飞色舞地迎来出来，满脸堆笑地说：

"二爷，您与鄂三爷上次画的那张竹石图，有人给了10两银子买走啦，银子还在这儿呢！"

曹雪芹听完，扬扬手，笑着说：

"一两银子还酒钱，其余的就存在你这里吧。"

这个传说或许有些夸张，但曹雪芹卖画偿还酒钱倒是千真万确的生活实情。晚年时期的曹雪芹，生活愈发贫困，鄂比对贫病中的曹雪芹给予了诸多关照，闲暇时还帮曹雪芹整理抄写书稿。他们的一段真挚友情，的确异常珍贵。

→ 曹雪芹作画时很特别。别人作画都是一笔一划地画，画得越细致、越逼真越好，可曹雪芹作画跟别人不一样，他先往纸上泼墨，再拿笔横涂竖抹，最后才勾边。画完了猛一看，画卷上是黑糊糊一片，只有仔细看才能看出路数，而且越看越逼真。他写字也很特别。有一次，香山三教寺的老和尚要给老爷殿挂一块大匾，求人题"千秋长存"四个字。由于字太大，别人用笔写不了，就请曹雪芹来写。曹雪芹也不拿笔，只带了一团棉花球来到三教寺，先量好匾的长短，计算好字的大小，然后用棉花球沾了墨，一会儿就勾出了双笔的"千秋长存"四个字，再用墨填心。后来，匾挂在大殿上，四个大字大方有劲，人们看了都说：这是曹雪芹用双勾法写的大字，别人谁也不行！

第二十章　因子而逝

侬今葬花人笑痴，他年葬侬知是谁？

——（清）曹雪芹

（一）

曹雪芹在北京西郊的小山村一住就是10年，生活困顿不说，有时还要受官兵的气，日子的艰难程度可想而知。

幸亏《红楼梦》的初稿已经完成，现在所要做的，就是一些增减修补和进一步完善的工作。否则，一边要为生活奔波，一边又要静下心撰写巨著，也实在是难为曹雪芹了。

更何况，由于长期的生活困顿，加上熬夜写作，曹雪芹的身体也是每况愈下。偏偏又是流年不利，北方地区先是连着两年雨涝，到处闹洪灾，到了乾隆二十八年（1763），天气又与前两年完全相反，闹起了旱灾，一开春便是大旱，春播春插都无法进行。

面对大旱，乾隆帝也一筹莫展，唯一的举措就是向天求雨。但是，雨水可不会因为皇帝的祈求就来的。

另外，就像敦诚在诗中所记载的那样——"蠲诏无虚辰，常平百万石，度支千万缗"，开设粥厂，表示赈济，但这些都不过是"贪墨臣"们中饱的好机会到了，普通百姓能得到多大的好处。

粮米如珠，百物腾贵，穷人更难活了。清朝一位名叫蒋士铨的诗人在一首诗中写道：

是时饥民去乡邑，十室已见八九扃；
犁锄抛弃付渚泽，榱栋折辇来神京。

意思是说，那时的居民都背井离乡，十户人家有八九家都关门落锁，去外地逃荒要饭去了。

这样的年景，对本来就处于困境中的曹雪芹来说，无疑是雪上加霜，生活艰难自不必说，心情也更加恶劣了。这两者结合在一起，就令他原本就垮掉的身体更加衰弱，精神也日渐萎靡。

此时，曹雪芹的儿子方儿应该有十岁左右。由于生活困苦，加之母亲去世，小家伙一直瘦弱多病。曹雪芹的内心很酸楚，觉得这么小的孩子跟着大人如此受罪，实在是心疼。

殊不知，"屋漏偏逢连夜雨，船破偏遇顶头风"，这年的春夏之际，京城开始流传痘疹，城里不少孩子都因患痘疹而死掉了，吓得当时人家都不敢让小孩子出来走动，生怕一不小心被传染上。

清朝时期，医疗条件十分落后，出痘疹一般都是在小孩子身上，这也是人生的一大关，必须顺利经过出痘的考验，生命才算有了几分保障。有时大人也会出痘，当年顺治帝传说就是出痘死的。

由于满洲人由关外入居关内，对痘疫的抵抗力似乎较弱，因此对这种传染性很强的疾病非常害怕。康熙帝小时候也得过痘疹，并被送出宫外，隔离在一个偏僻的府第里，生怕传染给宫中其他的孩子。幸而在曹雪芹曾祖母孙夫人等人的悉心照料下，康熙帝才躲过这一劫，后来这一点也成为他继承皇位最有利的资本之一。

那时候，蒙古王公要进京觐见皇帝，都必须随身带上健康证明，就是证明自己已经出过痘了。只有出过痘的熟身才能进京，未出过痘的生身因为怕传染是不许进京的。

由此可见，在今天看来十分普通的疾病，在200多年前的清朝时却像是个催命的瘟神，吓得人不轻。

也许是因为连年灾荒，人的抵抗力下降，所以出痘之事虽然年年都有，但惟独这一年，也就是乾隆二十八年，痘势来得十分凶猛，从而也酿成了一场空前的大灾难。

从三月到十月，有九个城门的北京内城，出痘的孩子多达1.7万人。郊区因出痘而死的人更是不计其数，十户人家的幼儿剩活的也就只有一两个！

敦诚对这次事件的记载更为直观和具体，他写道：

> 燕中痘疹流疫，小儿殄此者几半城，棺盛帛裹，肩者负者，奔走道左无虚日。……初阿卓患痘，余往视之，途次见负稚子小棺者奔走如织，即恶之。

路上背着小棺材的人奔走如织，疫病肆虐的情形的确非常严重，坏消息也不断传到曹雪芹的耳朵里，先是挚友敦家，一门就死了好几个人：

> 阿卓先，妹次之，侄女继之。……一门内如汝姑、汝叔、汝姐、汝兄，相继而殇……

紧接着是曹雪芹紧邻的好友张宜泉家，他们兄弟两户人家中，四个孩子有三个被痘疹夺去了性命。

曹雪芹一边为好友与邻居痛失爱子爱女而痛惜，另一边又不得不一遍遍地仔细审视自己身边所剩下的唯一爱子，日夜提心吊胆，担心自己的孩子也会不幸染上痘疹。

然而，越担心发生的事，偏偏就发生了。这年的秋天，曹雪芹的爱子也终于难逃厄运，开始发烧出痘了。

（二）

当时，能用来医治痘疹的具有清心和镇惊功能的最好药材，是极其贵重的犀角和牛黄。曹雪芹一家本来就衣食不保，又怎么能有钱为爱子搜求这些药物呢？

因此，曹雪芹只能眼睁睁地看着自己爱子的病情日渐加重，最后看着孩子被可恶的痘疹夺去生命。

儿子殇后，曹雪芹抱着儿子冰凉的身体痛哭不已，悲痛万分。芳卿也哭成了泪人儿一般，但她知道，此时最要紧的是劝慰曹雪芹，要他节哀。他要是再有个三长两短，这个家可就彻底完了。

她扶起曹雪芹，帮曹雪芹将孩子又放回床上，然后劝曹雪芹到外屋去歇歇，好给孩子洗净身子，换一身干净的衣服。

这一切安排妥当后，芳卿又快步走出家门。她要去找鄂比，请鄂比帮助料理一下孩子的后事。鄂比得知曹雪芹丧子的不幸，感叹不已。他知道，曹雪芹家中已无长物，便自己携带来几块平时作画用的画板，将就着钉了一个小棺材，将孩子盛殓了，然后运到村外的一处乱葬岗子，就地埋葬。

失子的悲痛，几乎要将曹雪芹的精神击垮了。他每天都怔怔地不说话，有时还会一个人到儿子的小坟上去瞻顾徘徊，伤心流泪，酒也喝得更凶了。

以前曹雪芹有难时，敦敏、敦诚及张宜泉等众位好友都会劝慰，可是现在，他们也一个个都沉浸在丧子的悲痛之中，暂时也没心思再去顾及远在西郊的曹雪芹。鄂比虽然经常来劝解，可也不见效果。曹雪芹的酒喝得也更厉害了，那是喝闷酒、喝苦酒。只是在稍稍清醒时，他便要来纸墨，含泪赶写书稿。

挨到这一年的年末，终于有一天，曹雪芹也病倒了。鄂比一边在身旁劝慰他，一边帮他整理书稿，劝他来日方长，还是养好身体要紧。

曹雪芹眼里含着泪花，嘴角却露出淡淡的笑容，平静地对鄂比说：

"该写的写了，该骂的骂了，这个世界，我再也没有什么可留恋的了……"

乾隆二十八年（1763）的除夕，当富贵人家都在欢天喜地地过年，京城内外到处是一片爆竹之声时，一代文豪曹雪芹，却在贫病交加、极其凄凉悲惨的情境下"泪尽而逝"！在鄂比这些邻里朋友的帮助下，芳卿强忍悲痛，简单地料理了丈夫的后事。

出殡那天，按习俗是要撒一些纸钱的。一位前来帮忙的邻居老妇人，见曹雪芹家中没有别的纸可以用，便从曹家柜子底下找出一些写了字的纸，剪了剪，权当纸钱烧了一些，一路上又撒了一些。等鄂比与芳卿回来后，发现那些写了字的纸已经所剩无几了。

可怜曹雪芹在最后的岁月里辛苦经营续写的《红楼梦》后三十回文稿，就这样散佚了。也有人说，鄂比曾跑出去捡拾，找回了一部分。不过，这些都是传说而已，《红楼梦》后几十回之所以未能传世，恐怕主要还是因为有一些政治方面的原因。

（三）

正月初二这天，敦诚家的家仆进来禀报主人，说有位老者求见，是曹先生家中打发来的。敦诚心中大喜，心想这曹雪芹总是礼数周到，大老远的还托人前来拜年，遂命快请进来。

进来的是一位农人打扮的老者，见面先行礼，口中念念有词，祝敦诚新春大吉大利。敦诚连忙搀起，作揖谢道：

"老人家您辛苦了，大老远进城来……"

敦诚的话还没说完，老人便从怀里掏出一个素白色的信封。

敦诚一看，不禁吓了一跳，忙问：

"怎么是白纸？"

老人忍不住，泪滴于手，哽咽道：

"曹二爷没了。"

敦诚瞬间变了脸色，接过信的手颤抖着。随后，敦诚急切地问：

"怎么就没了呢？什么时候的事？可留下什么话了没有？"

"二爷是在年三十夜里没的。他家里昨天就托我送信来，我说是大年初一，谁没个忌讳，就推到今天才来。"老人流着眼泪说。

"临终前可有什么话留下没？"

"听说都没来得及说什么，就不行了。"

"家里的情况怎样？"

"家里什么都没有，真是可怜啊！病重时，连买副药调治的钱都没有……"

曹雪芹的突然离世，让敦诚异常悲痛。他深悔老友病重之际未能在其侧，临终也未能见上一面，更没有尽到救治的责任。于是，敦诚准备了一些东西，择日来到曹家吊唁。

在黄叶村后面的一个乱岗间，距离曹雪芹儿子的坟墓不远处，隐约可以望见一座新坟，上面插着白纸做的的铭旌幡，在寒风中飘动着。这就是一代文豪曹雪芹的墓地了，他最终还是与自己心爱的儿子待在一起，在另一个世界团聚了。

敦诚来到此地，看到此情此景，心中不禁一阵难过，放声大哭起来。

从坟地回来后，敦诚为曹雪芹作了两首诗，以寄托对这位挚友知己的怀念之情：

其一

四十萧然太瘦生，晓风昨日拂铭旌。

肠回故垄孤儿泣，泪迸荒天寡妇声。

牛鬼遗文悲李贺，鹿车荷锸葬刘伶。

故人欲有生刍吊，何处招魂赋楚蘅？

其二

开箧犹存冰雪文，故交零落散如云。

三年下第曾怜我，一病无医竟负君。

邺下才人应有恨，山阳残笛不堪闻。

他时瘦马西州路，宿草寒烟对落曛。

好友张宜泉闻知曹雪芹病逝后，也写诗《伤芹溪居士》哀悼曹雪芹。在诗的序中，张宜泉写道：

其人素性放达，好饮，又善诗画，年未五旬而卒。

诗的正文写道：

谢草池边晓露春，怀人不见泪成行。

《北风图》冷魂难返，《白雪》歌残梦正长。

琴裹坏囊声漠漠，剑横破匣影铓铓。

多情再问藏修地，翠叠青山晚照凉。

曹雪芹病逝时，另一位好友敦敏因事未能前来见曹雪芹最后一面。乾隆二十九年（1764）秋，敦敏携友人来到当年他们一起游玩的地方，回忆当年往事，写下了《西郊同人游眺兼有所吊》一诗。诗云：

秋色招人上古墩，西风瑟瑟敝平原。

遥山千叠白云径，清磬一声黄叶村。

野水渔航闻弄笛，竹篱茅肆坐开樽。

小园忍泪重回首，斜日荒烟冷墓门。

　　萧瑟的秋风下，残阳洒下冷冷的余晖，高高古墩上的男人，身后留着一条长长的影子，眼前熟悉的村落、军营、竹篱、酒肆……可以想象，敦敏是怎样的潸然泪下。

　　曹雪芹一生所交好友不多，但能像这几位这样珍重友情，也算幸运了。朋友们都为他的英年早逝痛心不已，常常回忆，感怀伤心。

　　曹雪芹，一位旷世奇才，一代最伟大的小说家，就这样默默地离去了。而人们真正认识到他是一位时代的巨人，认识他的《红楼梦》是中国文学史上最辉煌的杰作，则是在他去世很久以后的事了。

第二十一章　身后百年

从前碌碌却因何，到如今回头试想真无趣！

——（清）曹雪芹

（一）

曹雪芹死后五年，即乾隆三十三年（1768），敦诚的一位幼叔，名叫额尔赫宜的人，将从敦诚处抄来的一部《红楼梦》抄本借给了康熙十四子胤禵的孙儿永忠。永忠读过之后，感动得不由自主，写下了三首诗哭吊曹雪芹。他说：

"可恨同时不相识，几回掩卷哭曹侯！"

对曹雪芹表示出了极大的钦慕与憾恨。

在永忠看来，曹雪芹的《红楼梦》能够广泛取材，融合社会各贵族家庭生活景象，看来就像是自家发生的事情一样。作为亲身经历过这一切的永忠，不禁泪湿沾襟，恨不能亲见曹侯，只能掩卷叹息。永忠甚至认为，曹雪芹定然是绝顶聪明，才能写出《红楼梦》这样的旷世奇书；也正因为他过于聪明，才英年早卒。

再往后，到了乾隆四十几年时，新封睿亲王淳颖得以读到《红楼梦》，也感叹作诗，称赞曹雪芹的书是"英雄血泪几难收"。这是第一个这样提法的例子，非常重要。

　　淳颖本是豫亲王多铎的后裔，顺治时期，老睿亲王多尔衮获罪，被削了爵，直至乾隆四十三年（1778）才恢复了这个爵位，让淳颖过继承袭爵位。

　　由此，我们也看出一种很有趣的历史现象：清代的皇家贵胄，对本来是卑贱的奴仆身份的曹雪芹，佩服得五体投地；对着曹雪芹的书，为他流泪抱恨，作诗抒怀，并且也开始认识到，这不是一位普通的文学才士，而是一位英雄一般的人物！

　　自此之后，《红楼梦》在社会上的传播也越来越广，收获的赞誉也越发盛大，社会上也开始出现以抄录《红楼梦》出售牟利的人，"每传钞一部，置庙市中，昂其值得数十金，可谓不胫而走者矣"。据文献记载，彼时白米一石需1.5~2两白银，而一部抄本《红楼梦》所需白银约合白米20余石，价格之高，令人惊讶。

　　不过，这些后出的本子开始删除脂砚斋等人的批语，可能是后来的抄家不是很同意他们的观点吧。而且，这些本子上明明写着一百二十回的目录，但当翻阅正文时，却只能找到八十回的文字，这不免让人感到遗憾。

　　曾多次搜罗《红楼梦》残稿遗篇的清末文人程伟元认为，曹雪芹既然在《红楼梦》第一回《甄士隐梦幻识通灵　贾雨村风尘怀闺秀》中写道：

　　　　于悼红轩中批阅十载，增删五次，纂成目录，分出章回。

　　并且还题一绝云：

　　　　满纸荒唐言，一把辛酸泪。都云作者痴，谁解其中味？

　　如此一来，书稿必然是写完了的，且流传的书稿也明明有一百二十回的目录，后四十回也可能尚在人间。于是，程伟元竭力搜罗，处处找寻，"数年以来，仅积有廿余卷。一日，偶于鼓担上得十余卷，遂重价购之"。

后面那30多卷文稿究竟如何散落的，又散落到哪些人手中，我们不得而知。不过，可以肯定的是，如果不是遇到程伟元这样喜爱《红楼梦》的人，那么《红楼梦》后面的部分肯定就像一缕青烟一般散落无痕，永远不可找寻了。

程伟元先后数年陆续找回的散失部分，"前后起伏，尚属接笋，然漶漫不可收拾"。于是，他决定将这些文字进行统一整理，使之与前面的八十回成为一个完善的整体。经过反复思量，程伟元恐怕自己一人力不能及，遂邀请自己的好友高鹗一同参与整理。

（二）

高鹗，字兰墅，一字云士，约生于1738年。汉军镶黄旗内务府人。祖籍铁岭（今属辽宁），先世清初即寓居北京。

乾隆五十六年（1791），当程伟元找到高鹗时，高鹗正因科举不第，灰心丧气，闲在家中无所事事。程伟元将自己辛苦购来的几种八十回前本与30余卷八十回后本拿给高鹗翻阅，希望二人合作，一起整理出一个"完璧"的《红楼梦》。

经过两人近一年的努力，终于整理出了第一个完整的一百二十回的《红楼梦》，并委托萃文书屋以活字排版印刷，定名为《新镌全部绣像红楼梦》。

高鹗对自己的这项工作十分喜欢，《新镌全部绣像红楼梦》出版后，便即兴写下一首《重订<红楼梦>小说既竣》诗。诗曰：

> 老去风情减昔年，万花丛里日高眠。
> 昨宵偶抱嫦娥月，悟得光明自在禅。

"悟得光明自在禅"，就是高鹗整理、阅读《红楼梦》的感悟。次二年，即1792年，程伟元、高鹗又推出了一版新的《红楼梦》，并在卷首叙述了文本的来历、整理该书的经过等。

事实上，早在开始整理《红楼梦》时，程伟元与高鹗就曾发生过分歧。据此，他们整理的前八十回的《红楼梦》本子就有好几个，因为抄手的好恶与疏漏，这些本子中也存在不少异文，二人就曾因文字的优劣和取舍发生过争论。于是，二人便在"求同存异"的前提下，各自整理出一个本子来。乾隆五十六年冬先排版印刷的，是以程伟元为主导的本子；乾隆五十七年春，第二次排版印刷的则是更多体现高鹗的意志的本子。

由于程伟元和高鹗在排印《红楼梦》时，没想到人们会如此喜爱《红楼梦》，所以他们排印的本子也远远不能满足市场的需求，排印用的活字很快就被挪为他用。精明的图书出版商很快发现了商机，他们以乾隆五十六年程、高的排印本《新镌全部绣像红楼梦》为底本，请人制作雕版，大量印刷出售。

如此一来，《红楼梦》便大盛于京城。到乾隆、嘉庆交替之际，即《新镌全部绣像红楼梦》出现后的四五年里，京城的知识分子家庭对《红楼梦》几乎家置一部了。发展到后来，京城更是出现了"开口不谈《红楼梦》，此公缺典正糊涂"的说法。《红楼梦》在当时的盛行由此可见一斑。

随《红楼梦》传播而来的，是对《红楼梦》的赏析与研究。最早开始这一工作的，自然是那些最早阅读过《红楼梦》的人们。

《红楼梦》的早期阅读者多为曹雪芹的朋友，他们在阅读的同时，也在小说的稿本上写下自己的意见和建议。这些人尽是些风雅之人，不仅有较高的文学素养，对曹雪芹的经历、感受等，也有较为深切的理解，故而他们的批语多能切中曹雪芹的心语。

除了指出《红楼梦》中的情节与曹雪芹的生活经历有关外，脂砚斋的评语则侧重于就《红楼梦》的艺术价值和文学技巧进行探讨。而曹雪芹的另外一位好友明义，则着重研究《红楼梦》中故事背后的真实人物、事件等。

此后，随着《红楼梦》的广泛传播，越来越多的知识分子开始参与到阅读和评论中来。乾隆五十九年（1794），海宁人周春撰写的《阅红楼梦随笔》，系最早的一部《红楼梦》研究专著。

《红楼梦》的出现，不仅在中国文学史上涂上了浓重的一笔，同时，还改变了中国知识分子的阅读习惯，这是最了不起的事。在《红楼梦》之前，上层知识分子多对小说不屑一顾；而《红楼梦》出现后，"一向对小说持有无视态度的知识分子"，不仅对它倍加欣赏，而且还进行研究批评。"红学"一词的出现，足以显示出中国的知识分子对《红楼梦》的喜爱程度。

（三）

随着中外经济文化的交流，《红楼梦》也开始走出国门，传播到日本、朝鲜等与中国经济文化交流比较频繁的国家。

乾隆五十八年（1793），自浙江乍浦港开往日本长崎贸易的南京王开泰"寅贰号"货船上，装载有9部、18套乾隆五十六年出版的《红楼梦》。

嘉庆八年（1803），"亥七号"船又将两部袖珍版《绣像红楼梦》带到日本。

光绪四年（1878），清政府派遣何如璋出使日本，著名诗人黄遵宪以参赞的身份随行。在日本期间，黄遵宪与日本友人大河内辉声、石川英等进行了密切的交往，其中更是多次谈及《红楼梦》。

日本著名汉学家森槐南对中国文化有着深刻的了解和研究，在他看来，"《红楼梦》是天地间一大奇书，古今东西最好书"。为了宣传《红楼梦》，森槐南还在光绪十八年（1892）第一个用日文翻译了《红楼梦》的"楔子",自回目始,至"满纸荒唐言"止。两个月后,日本著名小说家岛崎藤村又翻译了《红楼梦》第二十回末尾一节。

除了在日本广泛传播外,大约在嘉庆末年、道光初年时,《红楼梦》又传至朝鲜。其后,各种版本的《红楼梦》及《红楼梦》续书等,也先后传播到朝鲜。

朝鲜李朝宪宗时期,王妃以后宫乐善斋为自己的图书馆,收藏了一百二十回朝鲜文的《红楼梦》。这也是目前所知世界上第一个外文本的《红楼梦》,翻译时间大约是在光绪六年(1880)左右。

道光元年(1821),俄国第十一届传教团从彼得堡出发,来到北京。传教团中有四位学生,其中两位对《红楼梦》颇感兴趣,他们是柯万科与库尔梁德采夫。

柯万科是一名矿业工程师,他此行的目的是探测中国的地质。为尽快学好中文,他开始阅读《红楼梦》。柯万科认为,《红楼梦》以其优美的文字,惟妙惟肖地描绘了清朝社会的家庭生活、婚丧嫁娶、娱乐消遣、政治情况、主仆关系等诸多方面。他还向上司建议,将《红楼梦》译成俄文,不过没有实现。六年后,他回到俄国,先后写了十几篇随笔介绍中国的情况,其中九篇后都附载了他所翻译的《红楼梦》的第一章内容。

库尔梁德采夫则在北京买了一部早期的《红楼梦》抄本,并将其带回俄国。这便是红学史上著名的"列藏本"。

道光二十年(1840),俄国第十二届传教团来北京,其中著名的汉学家瓦西里耶夫在《论圣彼得堡大学的东方藏书》一文中,给予了《红楼梦》高度的评价。他在其中写道:

> 《金瓶梅》通常被誉为(中国)小说的代表作,其实,《红楼梦》更高一筹。这本书语言生动活泼,情节引人入胜。坦率地讲,在欧洲很难找到一本书能与之媲美。

在中国，清末民初时期，也相继涌现出了一大批研究《红楼梦》的人，如王国维、蔡元培、王梦阮、胡适、俞平伯、李长之等。而且，随着研究的日渐深入，还渐渐形成了一门专门的学问——红学。

凡是有关《红楼梦》的学问，都可以纳入"红学"的范畴，即包括对《红楼梦》主题的研究、人物的研究、版本的研究，也包括对《红楼梦》与其他古典名著相互影响的研究等，都可归入"红学"。

"红学"又分为"旧红学"和"新红学"。所谓"旧红学"，指的是民国以前有关《红楼梦》的评点、评论、考证等，其主要代表人物是清代的王雪香、张新之等人。他们主要采用圈点、加评语等形式，对经过程伟元、高鹗续补的120回本《红楼梦》进行评点。

"新红学"则指以胡适为代表的学派，主要注重搜集有关《红楼梦》作者家世、生平的史料及对版本的考订等。此外，还有俞平伯的《红楼梦辨》、周汝昌的《红楼梦新证》、张爱玲的《红楼梦魇》等。这些都是在红学研究中产生了重大影响的著作。

随着时间的推移，《红楼梦》的伟大思想意义与卓越的文学价值越来越为人们所认识、所推崇。300多年来，《红楼梦》也成为一代又一代青年人争取自由、争取解放、争取婚姻自主的武器库，反封建的教科书。一本小说，可以产生如此巨大的影响和社会作用，这在历史上是不多见的。

在文学方面，《红楼梦》的成就更是前无古人，今无来者。一部小说，可以写出几百个有名有姓各具特性的人物，而且个性那么鲜明，形象那么生动，令人呼之欲出。宝玉挨打，黛玉葬花，宝钗扑蝶，晴雯补裘，还有那精明、虚伪而又毒辣的王熙凤，贫穷、善良而又有点世故的刘姥姥……一个个生活中活生生的人物，每一个都是塑造得极为成功的艺术典范。单单从这一点上看，也足以看出曹雪芹的伟大之处。

书法家沈尹默（1883—1971）也是一位诗人。在日本期间，有人问他："你写诗，拜何人为师？"他说："不曾拜师。如果有，那就是曹雪芹。"那人莫名其妙。沈尹默接着说："我把《红楼梦》从头看到底，一个章节也不漏。看到书中什么人作诗，我就随便遮住一个字，考考自己：如果我写，该用什么字？这样就等于请教了曹雪芹，拜他为老师了。"

曹雪芹生平大事年表

1715年　康熙五十四年，曹雪芹诞生于江苏省江宁府利济巷大街，江宁织造府内宅。

1728年　雍正六年，父亲曹頫获罪，曹家被抄，家口入京，住在蒜市口。

1735年　雍正十三年，雍正帝暴毙，乾隆帝即位，恩诏天下，曹頫得以脱罪。

1736年　乾隆元年，曹頫官复原职，任内务府员外郎，曹家家境开始好转。

1738年　乾隆三年，康熙废太子胤礽长子弘皙谋立朝廷，事败，被剥夺亲王爵位。曹家复被牵累，再次抄没，家遂破败，曹雪芹贫困流落。

1741年　乾隆六年，在专为教育内务府子弟而建立的咸安宫官学任职。

1742年　乾隆七年，曹家败落，"曹雪芹不得志，遂放浪形骸，杂优伶中，时演剧为乐"。

1744年　乾隆九年，开始创作巨著《红楼梦》。

1748年　乾隆十三年，离开内务府。因生活所迫，入富察氏家中担任"西宾（家塾教师）"。期间，与敦诚、敦敏兄弟相识，并开始结诗社。

1751年　乾隆十六年，《红楼梦》初稿基本完成。曹雪芹生活困难，不得不拔旗归营，迁往北京西郊黄叶村生活。

1753年　乾隆十八年，《红楼梦》"篡成目录，分出章回"，已大致完成。

1754年　乾隆十九年，《脂砚斋重评石头记》初有清抄定本（未完）。

1755年 乾隆二十年，应邀前往江宁府两江总督尹继善处做幕僚。

1756年 乾隆二十一年，乾隆在皇八子永璇处发现《红楼梦》，认为其为"淫词小说"。为免牵连他人，曹雪芹离开两江总督府。

1757年 乾隆二十二年，回到北京西郊。友人敦诚有《寄怀曹雪芹》诗。

1758年 乾隆二十三年，友人敦敏自是夏存诗至癸未年者，多咏及雪芹。

1759年 乾隆二十四年，今存"乙卯本"《石头记》抄本，始有"脂砚"批语纪年。

1760年 乾隆二十五年，今存"庚辰本"《石头记》，皆"脂砚斋四阅评过"。

1761年 乾隆二十六年，重到金陵后返京，友人诗每言"秦淮旧梦人犹在"，"废官颓楼梦旧家"，皆隐指《红楼梦》的写作。

1762年 乾隆二十七年，敦敏作《佩刀质酒歌》，纪念曹雪芹秋末来访共饮情况。

1763年 乾隆二十八年春，曹雪芹爱子因染痘疹夭亡。曹雪芹悲伤过度，一病不起。除夕之夜，曹雪芹因贫病无医去世，时年49岁。